Analysis of Wind Loads on Cables and Hangers in Long-Span Bridges

大跨度桥梁索杆风荷载计算

刘庆宽　张卓杰　郑云飞　孙一飞　贾娅娅　著

人民交通出版社股份有限公司
北京

内容提要

本书是作者及研究团队近十年来在大跨度桥梁索杆风荷载方面研究成果的总结，全书共分8章，包括大跨度桥梁的发展和索杆结构、自然风特性与大跨度桥梁的风场、索杆抗风研究方法、标准索杆的气动力特性、粗糙表面索杆的气动力特性、表面损伤和形状畸变索杆的气动力特性、降雨环境下斜拉索的气动力特性、索杆风荷载计算工程实例。

本书可供桥梁工程和风工程领域相关的科研、设计及施工等技术人员使用，也可作为高等院校相关专业师生教学和科研的参考资料。

图书在版编目(CIP)数据

大跨度桥梁索杆风荷载计算 / 刘庆宽等著. — 北京：人民交通出版社股份有限公司，2021.2

ISBN 978-7-114-17091-1

Ⅰ. ①大… Ⅱ. ①刘… Ⅲ. ①长跨桥—风载荷—载荷分析 Ⅳ. ①U448.43

中国版本图书馆 CIP 数据核字(2021)第029315号

Dakuadu Qiaoliang Suogan Fenghezai Jisuan

书　　名：**大跨度桥梁索杆风荷载计算**
著 作 者：刘庆宽　张卓杰　郑云飞　孙一飞　贾娅娅
责任编辑：李学会
责任校对：孙国靖　扈　婕
责任印制：张　凯
出版发行：人民交通出版社股份有限公司
地　　址：(100011)北京市朝阳区安定门外外馆斜街3号
网　　址：http://www.ccpcl.com.cn
销售电话：(010)59757973
总 经 销：人民交通出版社股份有限公司发行部
经　　销：各地新华书店
印　　刷：北京虎彩文化传播有限公司
开　　本：720×960　1/16
印　　张：10
字　　数：148千
版　　次：2021年2月　第1版
印　　次：2021年2月　第1次印刷
书　　号：ISBN 978-7-114-17091-1
定　　价：56.00元

前言

桥梁的建设水平集中体现了一个国家的科技水平和经济实力。自20世纪90年代以来,我国的桥梁建设取得了举世瞩目的成就。随着“海洋强国”“交通强国”等一系列国家战略的推进,未来的桥梁建设将逐渐向重要跨海通道、深山峡谷拓展,桥梁的跨度和结构规模也将变得更大。这一转变将使得桥梁的设计和施工变得更加复杂,风及其作用也势必成为未来桥梁工程设计、施工、运营中的重要影响因素。

索杆承重体系具有优越的跨越能力,一般为大跨度桥梁的首选形式。体系中的索构件是大跨度桥梁重要的承重、传力构件,其横风向的总体截面积很大,受到的风荷载在全桥风荷载中的占比也很大,以苏通长江公路大桥为例,斜拉索的风荷载在主梁中产生的内力和位移贡献可达到全桥风荷载的60%~70%。此外,索杆的风荷载还会受到诸多因素的影响,如索杆的表面状态、截面形状畸变、降雨情况等。因此,准确掌握大跨度桥梁上索杆的风荷载,准确评估各因素对索杆风荷载的影响规律,对于大跨度桥梁的设计建造具有重要意义。同时,由于索杆具有长细比大、质量轻、阻尼小等特点,在风的作用下,容易产生较大幅度的振动,风致振动控制也是设计施工中需要重点考虑的问题之一。

本书共分8章,第1章总结了三种索杆承重桥梁的发展历程、受力特点、索杆结构的构造和力学性能;第2章阐述了自然风的基本特性和大跨度桥梁桥位处的风场特性;第3章介绍了风工程研究的三种主要方法,包括现场实测、风洞试验和数值模拟,列举了相关理论、仪器设备;第4章针对标准断面索杆的风荷载计算理论与试验研究进行论述,并对不同规范的计算方法进行了详细对比;第5章介绍了粗糙表面索杆的气动力特性,并通过定量计算揭示了粗糙度对索杆气动力的影响规律;第6章介绍了表面损伤和截面形状畸变索杆的气动力特性研究,得到了具有不同状态参数的索杆雷诺数分区,并给出了阻力系数拟合曲线;第7章介绍了降雨状态下各种索杆的气动力特性,明确了降雨对索杆气动力的影响;第8章给出了索杆结构索端风荷载计算的精确方法,并借助于工程算例展示了雷诺数效应对索杆气动力计算结果的影响。

本书由石家庄铁道大学刘庆宽确定各章节内容、制订全书大纲。第1章由张卓杰撰写,第2章由李震撰写,第3章由贾娅娅撰写,第4章由孙一飞撰写,第5章由任若松撰写,第6章由靖洪森撰写,第7章由郑云飞撰写,第8章由刘庆宽撰写,由刘庆宽统一修改定稿。

研究成果得到了国家自然科学基金面上项目“斜拉索风雨振的激振因素及气动减振优化措施的参数化研究”(50878135)、“基于常规和低速增压风洞试验的大跨度桥梁雷诺数问题研究”(51378323)、“考虑雷诺数效应的大跨度桥梁涡激振动与气动抑振措施研究”(51778381),河北省自然科学基金杰出青年基金项目“大跨度桥梁抗风”(E2014210138)、面上项目“抑制风雨激振的低气动阻力斜拉索试验研究”(E2008000442)的资助。在本书的编写过程中,参考了诸多国内外相关著作、文献,在此一并表示诚挚的感谢。

由于作者的学识与经验有限,书中难免有不足和错漏之处,恳请读者不吝指正。

作　者

2020年10月

目录

第 1 章　大跨度桥梁的发展和索杆结构

桥梁作为跨越障碍的结构物，是人类所建造的最为古老、最为壮观的建筑工程之一，与人们的生产、生活密切相关。随着社会生产力的发展和科技水平的提高，桥梁的材料、结构形式与建造工艺不断改进，跨越能力不断提高，公路、铁路得以跨越江河湖海、深山峡谷，形成四通八达的路网，大大拓展了人类的活动空间。

随着交通设施的建设和技术的发展，我国和世界上很多国家已建成或正在规划建设很多大跨度桥梁。正在规划的海峡工程中，部分桥梁的总跨度已超过 2000m，甚至达到 3000 ~ 5000m，这对桥梁的抗风抗震能力、结构形式、建筑材料等提出了更高的要求。

1.1　大跨度桥梁的演变

大跨度桥梁往往是交通线路的咽喉，在国民经济中具有举足轻重的地位。随着桥梁设计水平的提高、新工艺与新材料的应用，桥梁的跨径纪录不断被刷新，而索杆承重桥在大跨度桥梁中占有绝对的优势，目前世界上跨度 600m 以上的桥梁一般采用索杆承重体系。所谓索杆承重桥，即用高强钢丝或钢绞线制成的缆索作为主要承重或传力构件的桥梁，包括悬索桥、斜拉桥、采用索结构作为传力构件的拱桥和其他组合结构的桥梁。

1.1.1　斜拉桥的历史发展

(1) 近代斜拉桥

斜拉桥是一种古老的桥型，在东南亚地区曾经发现过用藤条和竹子作为“拉索”的人行桥，这可视作斜拉桥的雏形。17 世纪，由意大利人勒舍尔 (C. J. Loscher) 在威尼斯建造的木质斜拉桥，被认为是近代斜拉桥的开端。后来欧美国家又陆续尝试修建以木、铸铁或铁丝等材料作为斜拉索的斜拉桥。例如,18 世纪德国人提出了木质斜拉桥的方案,1817 年英国建成了一座跨径为 34m 的木质人行斜拉桥,该桥的桥塔采用铸铁制造,斜拉索采用了铁丝。

19 世纪初,两座斜拉桥的坍塌事故对这种桥型的发展产生了重要影响。1818 年,英国一座跨越特威德河的长约 79m 的人行斜拉桥毁于风振;1825 年,德国人在宁堡建成一座跨径为 78m 的斜拉桥,斜拉索采用铁链条和铸铁杆,但由于桥梁过载、链杆强度不足而垮塌。这两座斜拉桥的坍塌事故使得工程师们开始摒弃斜拉桥而转向悬索桥,影响了斜拉桥在此后一个多世纪的发展。

现在看来,这些桥梁的垮塌一方面受当时的技术所限,计算水平相对落后,斜拉索多以强度较低的木材、铁链制成;但更为重要的是人们对斜拉桥这种结构体系在理论上认识不够,误将斜拉索视作辅助主梁的受力构件,导致斜拉索在服役时很容易退出工作。

1938 年,德国工程师迪辛格(F. Dischinger)在研究一座 750m 的双线铁路悬索桥时发现,通过增设施加了足够张力的钢质斜缆,可显著提高桥梁的刚度。1949 年,他提出迪辛格体系(图 1-1),完整阐述了这种以斜拉为主的体系的优越性及斜拉索的力学特征。该体系仅在主跨由悬索系统支承,而在两侧由塔柱顶部辐射散开的斜拉索支承。虽然这种体系未在当时的实际桥梁工程中应用,但是为现代斜拉桥的发展奠定了理论基础。

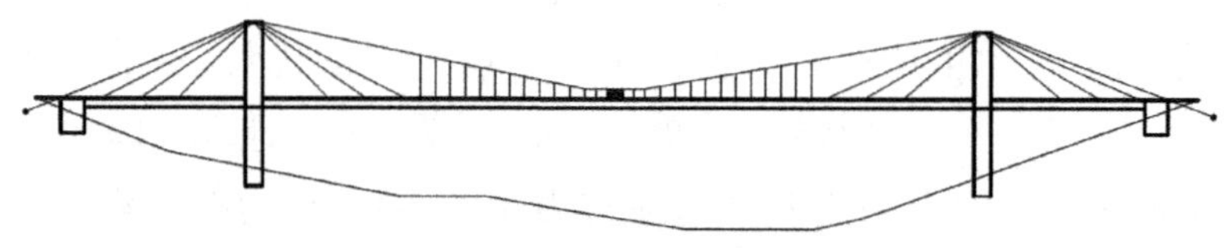

图 1-1　迪辛格体系

(2)现代斜拉桥

1956 年,由迪辛格设计的斯特伦松德(Strömsund)桥在瑞典建成,真正拉开了现代斜拉桥发展的序幕。该桥主跨为 182.6m;采用钢板梁,梁高 3.25m;门式双塔,塔高 28m;桥塔每侧只用了两对高强钢丝拉索,梁上索距为 35m 左右。该桥通过对斜拉索引入预应力,将斜拉索由被动受力构件转为主动施力构件,这是和以往斜拉桥的本质区别。世界上第一座现代预应力混凝土斜拉桥是1962年建成的委内瑞拉马拉开波桥，该桥具有五个主跨，跨径均为235m。受限于当时的计算水平，这一时期建设的斜拉桥均为稀索体系（也被称作“莫兰迪体系”），属于第一代斜拉桥（图1-2）。

图1-2　稀索体系斜拉桥

由于稀索体系斜拉索数量少，所以单根索受力大，加劲梁无索区长，主梁仍然以受弯为主，因此主梁相对较高，自重大，配筋多。20世纪60年代后，得益于有限元理论和电子计算机的发展和应用，高次超静定结构分析的效率大大提高，此后几乎所有的斜拉桥都采用密索体系，较密的斜拉索给主梁提供了较多的弹性支承，使应力分布更加均匀，显著降低了梁高，结构更加轻巧，便于悬臂施工，也增强了桥梁的抗风稳定性。

第一座密索体系斜拉桥是1967年在德国建成的弗里德里希·埃伯特（Friedrich Ebert）桥，该桥孔跨布置为120.1m＋280.0m＋120.1m，主梁为钢箱梁，索塔每侧设置了20根斜拉索，主梁索距为2.24m。

1971年在德国莱茵河上建成的库尔特舒马赫（Kurtschmacher）桥，跨径为287m，该桥首次采用了295ϕ7mm的平行钢丝索、HAIM锚，这种锚具具有较好的抗疲劳能力。1978年美国建成的主跨299m的帕斯卡-肯尼斯克（Pasco-Kennewick）桥为第一座密索体系混凝土斜拉桥，双索面采用辐射形布置。

1984年在西班牙建成的卢纳（Luna）桥，是双塔双索面扇形布置斜拉索的部分地锚式混凝土斜拉桥。1988年在美国建成的达梅角（Dame Point）桥，是双塔双索面竖琴式混凝土斜拉桥，主跨跨径为396m，主梁采用π形横断面，施工采用永久索支承挂篮的施工工艺，π形梁与上述施工工艺在当前双索面混凝土斜拉桥的建造中被普遍采用。

1991 年在挪威建成的斯卡恩圣特(Skarnsundet)桥[图 1-3a)],为主跨 530m 的混凝土斜拉桥,梁高仅 2.15m,至今仍保持混凝土斜拉桥的跨径纪录。1995 年法国修建的诺曼底(Normandy)大桥[图 1-3b)]主跨跨径达 856m,1998 年日本修建的多多罗(Tatara)大桥[图 1-3c)]又把主跨跨径提高到 890m,这两座斜拉桥的主梁均采用混合梁形式,把斜拉桥带入了悬索桥独占的特大跨度领域。2012 年建成的主跨跨度为 1104m 的俄罗斯岛大桥[图 1-3d)],为目前全球已建成的主跨最长的斜拉桥,该桥桥塔高 324m,最长斜拉索达 580m。

a)斯卡恩圣特桥

b)诺曼底大桥

c)多多罗大桥

d)俄罗斯岛大桥

图 1-3　密索体系斜拉桥

我国斜拉桥建设起步较晚,第一座公路斜拉桥是 1975 年在四川省云阳县建造的云阳桥,其跨径为 76m;第一座铁路斜拉桥是 1980 年建造的广西红水河斜拉桥,其跨径为 96m,采用平行钢绞线斜拉索。随后又陆续修建了上海泖港大桥、济南黄河大桥、重庆石门大桥等。1991 年,主跨跨度为 423m 的南浦大桥在上海建成;1993 年又在上海建成了杨浦大桥,主跨达 602m,为当时世界最大跨度的钢—混凝土结合梁斜拉桥。

2000 年建成的南京长江二桥(南汉桥),主跨为 628m,是当时我国最大跨度的斜拉桥。后续建造了南京长江三桥(主跨 648m)、安庆长江大桥(主跨 510m)、香港昂船洲大桥(主跨 1018m),2008 年建造的苏通长江公路大桥(以下简称苏通大桥)主跨达 1088m,一度打破了世界纪录。

在公铁两用斜拉桥方面,2000 年建成的主跨为 312m 的芜湖公铁两用矮塔斜拉桥,主梁采用钢桁架;2015 年建成的铜陵公铁两用长江大桥,主跨跨径为 630m;2020 年建成的沪通公铁两用长江大桥,主跨跨径达到了 1092m,成为世界上跨度最大的公铁两用斜拉桥。目前正在建设中的常泰长江主航道桥主跨达 1176m,建成后将创造新的斜拉桥跨度世界纪录。

我国两座典型的大跨度斜拉桥如图 1-4 所示。世界上已建成的大跨度斜拉桥见表 1-1。

a)苏通大桥

b)沪通公铁两用长江大桥

图 1-4 我国两座典型的大跨度斜拉桥

世界上已建成的大跨度斜拉桥 表 1-1

序号	桥 名	跨度(m)	建成年份(年)	国 家
1	俄罗斯岛大桥	1104	2012	俄罗斯
2	沪通公铁两用长江大桥	1092	2020	中国
3	苏通大桥	1088	2008	中国
4	香港昂船洲大桥	1018	2008	中国
5	鄂东长江大桥	926	2010	中国
6	多多罗大桥	890	1999	日本
7	诺曼底大桥	856	1995	法国
8	南京长江三桥	648	2005	中国
9	铜陵公铁两用长江大桥	630	2015	中国
10	南京长江二桥	628	2001	中国

1.1.2 悬索桥的历史发展

(1)古代索桥

悬索桥起源于中国，革新于英法，发展于美国，突破于日本，再次崛起于中国。借助缆索承重跨越障碍的结构自古就有，中国古代的吊桥是悬索桥的雏形。公元前250年，李冰在都江堰修建了人行竹索"笮桥"[图1-5a)]。汉朝建成长百米的铁索桥，比英国1741年始建的铁索桥(Tees河桥，主跨21.84m)要早1800年。建于公元1705年的四川大渡河的泸定铁索桥，主跨达103m，该桥成为我国第一批国家保护的重要文物。古代吊桥的建造都是凭工匠们的经验，不设桥塔，一般将纵向索直接锚固于两岸山壁或桥头堡上；没有加劲梁，尽管大部分吊桥有桥面系，但没有刚度[图1-5b)]，只起到分散和传递荷载的作用，荷载依然靠索承受。因此，古代吊桥在承载能力、跨越能力、刚度和稳定性等方面存在不足。

a)人行竹索"笮桥"

b)泸定铁索桥

图1-5 古代悬索桥

(2)近代悬索桥

1801年美国建成了跨度为21m的雅各布希腊人桥，该桥具有桥塔、吊杆、加劲梁等悬索桥构件。1816年，美国在费城建成的斯库基尔(Schuylkill)瀑布人行桥采用铁丝制作主缆，主跨达到124m，该桥是首座用金属材料作为主缆的悬索桥，揭开了近代悬索桥发展的序幕。1822年，由特尔福德(Telford)建造的康威城堡桥是最早的近代悬索桥之一(图1-6)；后来，特尔福德于1826年，建成了跨径为174m的威尔士—梅来峡悬索桥。

早期由于没有较好的钢丝防腐技术，悬索桥常用双眼铰链杆作为主缆，桥塔为圬工结构。由于眼杆链式体系杆件之间接触面小,会产生应力集中,而制作眼杆所用的锻铁又是脆性材料,因此眼杆索链容易在连接处破坏,并且跨径增大时索很难施工,从而导致悬索桥跨径难以增大。最为典型的是1849年在西弗吉尼亚州建成的威林(Wheeling)桥,其主跨为308m,是当时最大跨度的悬索桥,但建成仅5年后在一次大风中损毁了。

威林(Wheeling)桥的垮塌引起了美国工程师的高度重视,在此基础上,他们经过艰苦卓绝的努力,终于在1883年建成主跨为486m的布鲁克林(Brooklyn)大桥(图1-7)。该桥基于弹性理论进行设计,桥塔仍采用截面尺寸较大的圬工结构,并设置多条斜拉索加劲主梁,同时采用平行钢丝制作主缆,并发明了纺线法(AS法)架设主缆。这座桥是当时世界上跨度最大的桥梁,揭开了大跨度悬索桥建设的序幕。

图1-6　康威城堡桥

图1-7　布鲁克林大桥

1888年,美国工程师米兰提出了"挠度理论",使人们认识了主缆的初应力对刚度的影响。20世纪30年代开始,随着挠度理论进入实用阶段,悬索桥的跨度得到了飞跃式的发展。最早基于挠度理论建造的悬索桥是1912年建成的曼哈顿大桥[图1-8a)],主跨为448.1m,该桥使用轻型钢塔代替笨重的混凝土塔。基于挠度理论建成的悬索桥的典型代表还有纽约华盛顿大桥,它的主跨首次突破千米级,达到1067m;其后,1937年又建成了举世闻名的金门大桥[图1-8b)],主跨达到1280m,该桥保持世界最大跨度桥梁纪录长达27年之久。

随着挠度理论的普遍应用,轻便的钢桥塔取代了原来的圬工桥塔,悬索桥主梁向纤细化发展,其高度不断降低。例如金门大桥的加劲桁架梁高跨比仅为1∶168,此时人们尚未充分认识到加劲梁的刚度对于悬索桥空气动力稳定性的作用。1940 年,由莫西夫设计的塔科马大桥(图 1-9)使挠度理论的应用达到顶点,此桥主跨长 853m,加劲梁为钢板梁,高跨比只有 1∶350,宽跨比为 1∶72,几乎比金门大桥(宽跨比为 1∶47)和华盛顿大桥(宽跨比为 1∶33)小一半。建成 4 个月后,在一场速度为 19m/s 的持续风作用下,主梁发生了剧烈的振动,最大振幅接近 9m,桥面倾斜到 45°左右,使吊杆逐根拉断导致桥面钢梁折断而垮塌。

a)曼哈顿大桥

b)金门大桥

图 1-8　基于挠度理论的新型悬索桥

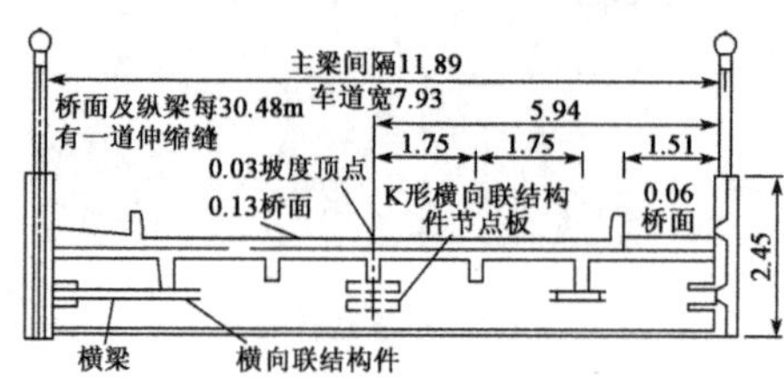

图 1-9　旧塔科马大桥(尺寸单位:m)

塔科马大桥风毁事件,使悬索桥的发展停滞了将近 10 年,也使人们意识到悬索桥设计建造需要考虑空气动力影响。当初的设计者想建造一座较经济的桥梁,采用钢板梁代替钢桁架。不幸的是,这种断面很容易引起风致振动。

(3)现代悬索桥

1950 年塔科马桥重建,悬索桥进入现代发展阶段,建造中心也由美国逐渐转向欧洲。1966 年,英国建成塞文(Severn)桥。与以往的美式悬索桥不同,塞文桥[图 1-10a)]首次采用扁平钢箱梁代替桁梁。流线型钢箱梁具有更大的抗扭刚度和较好的气动稳定性,此后逐渐形成了欧式悬索桥的风格:

扁平流线型箱梁,焊接钢结构或钢筋混凝土桥塔。例如:1970 年丹麦建成主跨为 600m 的小贝尔特(Little Belt)桥,1973 年建成主跨为 1074m 的博斯普鲁斯海峡(Boğaziçi Köprüsü)第一大桥。

1981 年英国建成了当时世界上第一大跨度(1410m)的亨伯(Hubmer)桥[图 1-10b)],并一直将此纪录保持到 1998 年,达 17 年之久。除此之外,1988 年土耳其又建成了主跨为 1090m 的博斯普鲁斯海峡(Boğaziçi Köprüsü)第二大桥;20 世纪 90 年代丹麦建成了主跨为 1624m 的大贝尔特海峡(Great Belt)大桥。

a)塞文桥

b)亨伯桥

图 1-10　欧式悬索桥

日本于半个多世纪的时间里修建了很多大跨度桥梁。1962 年在福冈建成主跨为 367m 的若户桥,1973 年建成孔跨布置为 178m + 712m + 178m 的关门桥,1977 年在长崎建成主跨为 465m 的平户桥,其后又在本州—四国联络线上建成了 22 座大桥,其中 11 座是悬索桥,本州—四国线后期建设的神户—鸣门线上的主跨达 1991m 的明石海峡大桥(1998 年建成,图 1-11),至今一直保持着已建成桥梁最大主跨的世界纪录。日本的悬索桥,大部分为钢塔和钢桁加劲梁。

图 1-11　明石海峡大桥

20 世纪 90 年代起,世界悬索桥建设的中心转移到我国,在短短的十年中建成 8 座大跨度悬索桥,这些桥梁基本上代表我国 20 世纪悬索桥建设的总体水平。进入 21 世纪,我国的悬索桥建设更是突飞猛进,其中具代表性的有:润扬长江大桥,主跨达 1490m;珠江黄埔大桥南汊桥,主跨为 1108m;武汉阳逻长江大桥,主跨为 1280m;浙江舟山联岛工程中的西堠门大桥(图 1-12)于 2009 年 12 月建成通车,主跨达 1650m,建成后成为当时我国第一、世界第二大跨度悬索桥;同样是 2009 年 12 月建成通车的贵州坝陵河大桥,主跨为 1088m,为我国西部山区跨越峡谷的第一座特大悬索桥;湖南湘西矮寨特大桥,主跨为 1176m,2012 年建成后成为世界上跨径最大的跨峡谷悬索桥;2019 年建成的虎门二桥(南沙大桥)全长 12.9km,含两座悬索桥,其中坭洲水道桥主跨为 1688m,大沙水道桥单跨为 1200m。

图 1-12　西堠门大桥

正在规划建设中的深中通道含一座主跨为 1666m 的伶仃洋大桥,在建的五峰山长江大桥,主跨为 1092m,是我国首座公铁两用悬索桥;规划建设的张皋过江通道大桥,主跨为 2300m,建成后将是世界最大跨度的悬索桥。目前世界上已建成跨度前 10 位的悬索桥见表 1-2,其中我国的悬索桥超过了一半,表明我国的悬索桥设计施工水平已经走到了世界的前列。

世界上已建成的大跨度悬索桥　　表 1-2

序号	桥　名	跨度(m)	建成年份(年)	国　家
1	明石海峡大桥	1991	1998	日本
2	虎门二桥坭洲水道桥	1688	2019	中国
3	舟山西堠门大桥	1650	2009	中国
4	大带东桥	1624	1998	丹麦
5	李舜臣大桥	1545	2012	韩国

续上表

序号	桥　名	跨度(m)	建成年份(年)	国　家
6	润扬长江大桥	1490	2005	中国
7	南京长江四桥	1418	2012	中国
8	亨伯桥	1410	1981	英国
9	江阴长江大桥	1385	1999	中国
10	青马大桥	1377	1997	中国

1.1.3 拱桥的历史发展

(1)古代拱桥

拱桥是人类最早也是最广泛使用的桥型之一,各个文明古国都有建造拱桥的悠久历史。这其中最具代表性的就是中国和罗马的拱桥。

欧洲的石拱艺术盛行于罗马时代,在公元前600—公元前500年出现了标准的罗马拱桥,罗马拱桥多采用圆形拱,跨度较小,桥墩厚度约为拱宽的1/3,所以每个拱都可以独立。至今还可见罗马时代遗留下来的一些引水的水道桥,这些石拱不用灰浆砌筑,但是水槽中用灰浆防水。欧洲古代拱桥如图1-13所示。

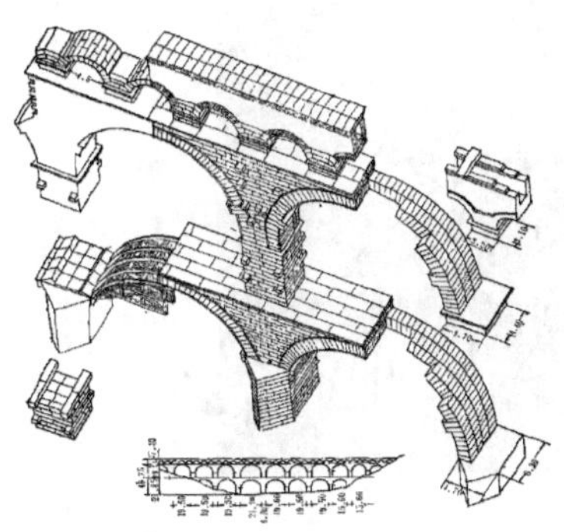

图1-13　欧洲古代拱桥

我国古代拱桥(图1-14)建造的数量很多。起初为了增大梁桥的跨度,古人将石板逐级伸出使之在受力上成为悬臂,或将石梁砌成多边形,还出现了各种伸木桥,这些结构都是在向拱桥方向发展。

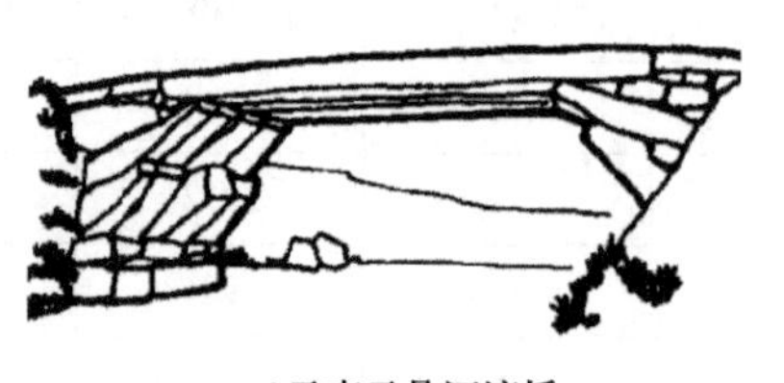

a)云南云县河湾桥

b)五边形石桥

图 1-14　我国古代拱桥雏形

建于公元 135 年(东汉时期)的洛阳建春门桥,是我国最早有记录的石拱桥,虽然比欧洲稍晚,但建造技术却处于当时世界领先地位。隋朝建造的赵州桥已有 1300 多年的历史,赵州桥又名安济桥(图 1-15),位于河北赵县洨河上,桥长 50.83m,跨径为 37.02m,拱高 7.23m,是当今世界上跨径最大、建造最早的单孔敞肩型石拱桥。赵州桥采用割圆拱,使石拱高度大大降低,实现了低桥面和大跨度的双重目的。拱上建筑采用敞肩式,增加了泄洪能力,减轻了自重,提高了桥梁的承载力和稳定性。此外,该桥采用"鹰架"法分拱砌筑,方法新颖,施工修理方便,是我国桥梁史上的空前创举。

图 1-15　赵州桥

北京的卢沟桥建于 700 多年前,至今依然完好。这些拱桥代表了当时世界上的最高建桥水平。

(2)近现代拱桥

18 世纪英国工业革命后,铸铁和锻铁的工业化生产使铁的产量大幅度提高,铁被大量地应用于桥梁结构中,尤其被率先应用于对抗压强度要求很高的拱桥中。全世界第一座铸铁拱桥是 1779 年在英国科尔布鲁克代尔(Coalbrookdale)地区建成的跨越塞文(Severn)河的铁桥(Iron Bridge)[图 1-16a)],它是由 5 片半圆形铸铁拱肋并列组成的单跨拱桥,属三铰拱体系,净跨度为 30.5m,该桥被视作近代桥梁的开端。

第一座无铰钢拱桥是跨越美国密西西比河的圣路易斯(Pont Saint-Louis)桥[图 1-16b)]。该桥建成于 1874 年,是一座三跨上承式钢桁拱桥,跨径为 155.1m + 158.6m + 153.1m。每跨 4 肋,每片拱肋由 2 根上下平行的弧形钢管组成,用斜腹杆联系。此桥的建成开启了大跨度钢拱桥的新时代。

a)跨越塞文河的铁桥

b)圣路易斯桥

图 1-16 典型的近现代拱桥

第一座钢筋混凝土拱桥是 1877 年建于法国的夏泽莱(Chatelet)桥。该桥也是一座无铰拱桥,跨径为 16m,宽 4m,拱圈为椭圆形,配筋方法是在拱外缘加一层钢筋网。1877 年,法国工程师赫尼波柯(Hennebique)建造了跨度为 16.0m、宽 4.0m 的钢筋混凝土人行桥,1898 年他又设计建成了跨度为 52.46m的钢筋混凝土拱桥——夏特罗桥(Chàtellerault Bridge)。奥地利工程师米兰(J. melan)于 1890 年发明了用劲性骨架为拱架浇筑钢筋混凝土拱桥的施工方法,被称为“米兰”法。

钢筋混凝土可塑性很强,可以做成任意的形状,还可以做成精巧的装饰。比石拱桥施工方便、快速,且表面平整光滑。1924 年的瑞士弗立堡采林根桥,为实腹式拱桥。与高拱石桥相比,这座钢筋混凝土拱桥表面平整光滑,施工速度快得多。所以除了在交通不便的产石山区,钢筋混凝土拱桥比石拱桥更富有生命力。

(3)现代拱桥

随着计算机技术与钢材的应用,拱桥的发展焕发出新的生机,拱桥的结构形式不断创新,新的梁拱组合体系桥梁不断涌现。例如连续刚构拱桥、桁架拱桥、钢管拱桥、系杆拱桥、斜拉拱桥以及一些异形拱桥。

2007 年建成的湖北省宜万铁路宜昌长江特大桥为连续刚构—柔性拱组合体,主桥跨径为 130m + 2 × 275m + 130m。主梁采用变截面,柔性拱用于提高结构刚度,该桥采用“先梁后拱”的施工方法,具有施工方便的优点。刚构—拱组合体系桥梁是梁—拱组合体系桥梁的特例,主要有连续刚构—拱组合体系桥、V 形或 Y 形刚构—拱组合体系桥。由于具有结构刚度较大的优点,近年来在铁路工程中被广泛采用。

系杆拱桥一般是由拱、系杆、吊杆(立柱)和桥面系梁板等组成的组合结构体系。由于拱、系杆以及吊杆等主要受力构件本身均有多种布置形式,因此系杆拱桥是一种结构形式极富变化的桥型,具有很强的生命力和广阔的发展前景。

2003 年建成的卢浦大桥[图 1-17a)]跨越上海的黄浦江,为中承式变高度钢箱拱桥,跨径组合为 100m + 550m + 100m。该桥结构体系为三跨中承式部分推力梁拱组合体系,中跨主梁简支于拱梁交汇处的横梁上,边跨主梁与拱肋固结。主桥两边跨端横梁之间设置水平拉索,通过张拉水平索可使中墩基础在恒载作用下处于无水平反力状态,只承受温度荷载、活载等作用的水平推力使结构更适应上海的软土地基。

2007 年建成的重庆菜园坝长江大桥[图 1-17b)]是钢混组合式刚构系杆拱桥,主桥由 420m 中跨、102m 边跨和 88m 侧跨组成对称 5 跨布置。该桥主拱为高 4m、宽 2m 的提篮形钢箱,主梁为高 1m 的钢桁梁。由于主梁刚度较大,边跨采用预应力混凝土 Y 形刚构。该桥中跨系杆与边跨系杆分开设置,独立锚固,并在边墩增设了竖向系杆索。多套相对独立的拉索体系可分别张拉和调节,对大桥的主体结构进行内力与线形的调整和控制。

2009 年建成的朝天门大桥[图 1-17c)]主桥为三跨连续中承式钢桁系杆拱,跨径组合为 190m + 552m + 190m,全宽 36.5m,主梁采用两片主桁。中跨为钢桁系杆拱,采用二次抛物线拱轴,矢跨比为 1∶4.3,两侧边跨为变高度桁梁。中跨下层系杆内配置了体外预应力束使上下水平系杆截面形式统一。主墩一侧采用固定支座,其余各墩均设活动铰支座以释放水平约束。

a)卢浦大桥

b)重庆菜园坝长江大桥

c)朝天门大桥

图 1-17 典型的拱桥

世界上已建成的大跨度拱桥见表 1-3。

世界上已建成的大跨度拱桥 表 1-3

序号	桥 名	跨度(m)	建成年份(年)	国 家
1	朝天门大桥	552	2009	中国
2	卢浦大桥	550	2003	中国
3	波司登长江大桥	530	2013	中国
4	巴约纳大桥	504	1931	美国
5	悉尼港湾大桥	503	1932	澳大利亚
6	巫山长江大桥	460	2005	中国
7	明州大桥	450	2011	中国
8	新光大桥	428	2008	中国
9	菜园坝长江大桥	420	2007	中国
10	莲城大桥	400	2008	中国

1.2 索杆承重桥的受力特点

虽然悬索桥、斜拉桥和采用索杆作为传力构件的拱桥均属于索杆承重桥梁，但从桥梁的受力特点上来看，它们属于不同的结构体系，斜拉桥和拱桥属于组合体系桥梁，索杆的构造以及索杆在这些桥梁中所起的作用也不尽相同。

1.2.1 索杆承重桥结构体系

斜拉桥的上部结构由主梁、斜拉索和桥塔三类构件组成。斜拉索将主梁的自重和桥面荷载传递给桥塔，相当于在主梁跨内增加了若干弹性支承，从而大大减小了梁内的弯矩、梁体尺寸和主梁自重，显著提高了斜拉桥的跨越能力。与悬索桥相比，斜拉桥不需要设置大体积的锚固装置，桥梁整体刚度相对较大，抗风性能优于悬索桥，因而在800～1100m跨径范围内，斜拉桥是悬索桥的主要竞争者。现代密索体系斜拉桥结构示意图如图1-18所示。

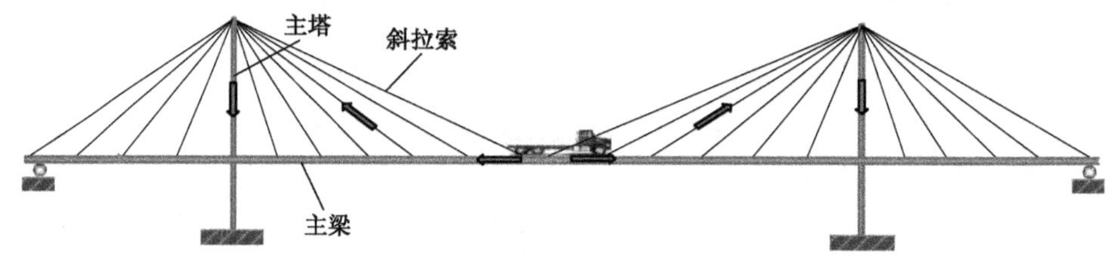

图1-18 现代密索体系斜拉桥结构示意图

悬索桥是以主缆为主要承重结构的桥梁结构，加劲梁由吊索扣系固定，所以也称为吊桥(图1-19)。对于地锚式悬索桥，其主要构件包括主缆、桥塔、锚碇、吊索、加劲梁及桥面。从传力路径上看，加劲梁所受荷载通过吊杆传递给主缆，主缆将所受的力通过锚碇和桥塔传给地基，主缆、桥塔和锚碇三者构成悬索桥受力的主体，传力途径简洁明确。

拱桥的形式多种多样，按材料可以分为圬工拱桥、钢筋混凝土拱桥及钢拱桥等；按拱轴线形状可分为圆弧拱桥、抛物线拱桥、悬链线拱桥、折线拱桥等；按桥面与拱的相对位置可分为上承式拱桥、中承式拱桥及下承式拱桥；按拱截面形式可分为板拱桥、肋拱桥、箱拱桥、桁架拱桥、刚架拱桥等。

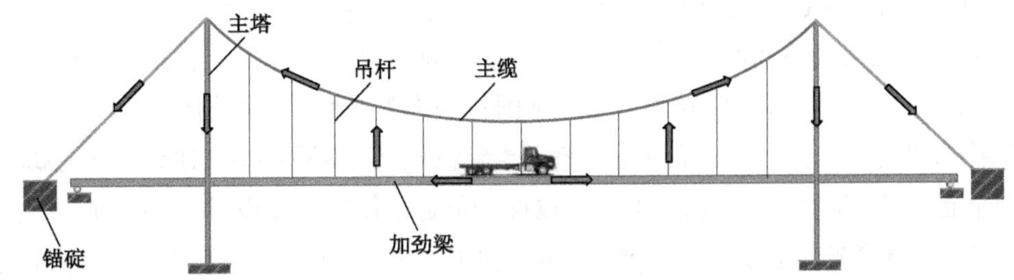

图 1-19　悬索桥结构示意图

虽然拱桥的具体形式千姿百态,但主要的承重构件为拱,由于拱结构主要承受轴向压力,拱在支撑处不仅产生竖向反力,而且产生水平推力。由于这个水平推力的存在,拱的弯矩将比相同跨径的梁的弯矩小很多,从而使整个拱主要承受压力。这样,拱不仅可以用钢、混凝土等材料来建造,还可以充分利用抗压性能好的圬工材料如石料、砖等来修建。主拱截面材料强度的充分发挥,提高了材料的利用率,使拱桥的跨越能力增大。

对于索杆承重拱桥,主要由拱肋、吊杆、主梁三大部分组成(图 1-20),一般属于下承式或中承式。吊杆起到了传力的作用,将桥面荷载传递给拱肋,拱肋承受吊杆传来的荷载,并最终传递给基础。

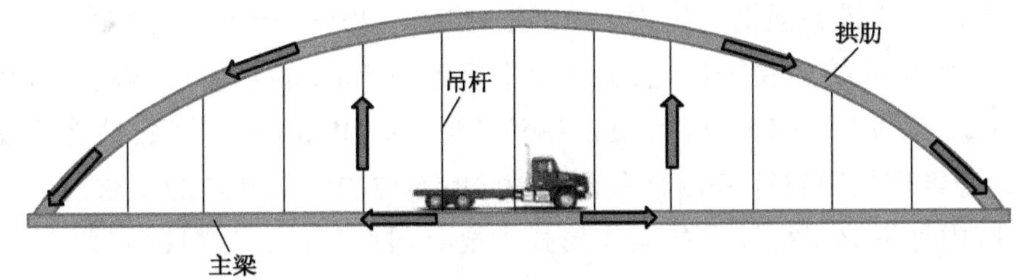

图 1-20　拱桥结构示意图

1.2.2　索杆承重桥的抗风问题

大跨度悬索桥、斜拉桥和拱桥是风敏感结构,抗风是设计中的关键问题。大跨度桥梁一般建在大江大河的入海口、近海连岛工程或者深山峡谷上,这些地区的风速较大,风对桥梁的作用十分显著。

(1)风荷载问题。风荷载一方面引起结构的内力和变形,同时也会引起轴向、扭转和横向失稳。对于钝体截面的主梁、桥塔、索杆、拱肋等结构，准确获得结构上的风荷载，并进行内力和稳定性检算是十分重要的工作。

(2)风致振动问题。对于主梁，风会引起涡激振动、颤振、抖振等风致振动现象；对于斜拉索，有涡激振动、风雨振、尾流驰振(双索的情况下)、干索驰振等问题；对于吊杆，有涡激振动、尾流驰振、干索驰振等问题；对于桥塔，有涡激振动、驰振等问题。这些风致振动问题，都需要在设计阶段，通过规范的方法，或者通过数值流体计算或风洞试验，进行专门的检算和研究，确认某些振动在检验风速内不会发生(颤振、驰振、尾流驰振、斜拉索风雨振)，或某些振动的振幅在规范要求的范围内(涡激振动)。

1.3 索杆的构造与力学性能

1.3.1 斜拉索

斜拉索是将主梁自重及桥面活载传递给索塔的构件，可分为刚性索与柔性索。刚性索可由高强度钢筋外包预应力钢筋混凝土形成，柔性索一般由一定数量的直径为5mm或7mm的钢丝或钢绞线外包聚乙烯外套组成。《斜拉桥用热挤聚乙烯高强钢丝拉索》(GB/T 18365—2018)指出：斜拉索宜优先采用直径为7mm的热镀锌钢丝，也可使用直径为5mm的热镀锌钢丝。镀锌钢丝的强度分为1670MPa、1770MPa、1860MPa、1960MPa四个等级，性能不低于《桥梁缆索用热镀锌或锌铝合金钢丝》(GB/T 17101—2019)的要求。

国内外桥梁索杆使用的索体形式主要有：封闭索、高强粗钢筋索、平行钢丝索、平行钢绞线索和钢丝绳等。目前应用最为广泛且为以后发展趋势的编索形式为平行钢丝股索和平行钢绞线索，常见的斜拉索类型如图1-21所示。

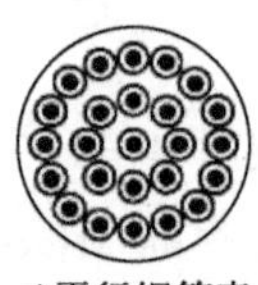
a)平行钢筋索

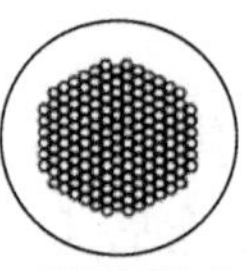
b)平行钢丝索

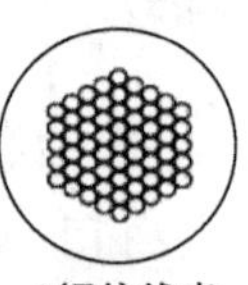
c)钢绞线索

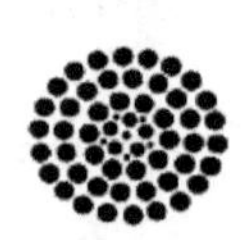
d)单股钢绞缆

e)封闭式钢缆

图1-21 常见的斜拉索类型

(1)平行钢丝斜拉索

平行钢丝斜拉索在工厂整体制造,一般由 ϕ5mm 或 ϕ7mm 的高强度钢丝组成,钢丝由玻璃丝布包扎定型后以热挤高密度聚乙烯(HDPE)索套作为防护[图 1-22a)]。由于运输的需要,为了避免盘绕在卷盘上产生过高的弯曲应力和外套管撕裂,一般要求盘绕直径不小于索径的 20 ~ 25 倍。为便于盘卷(增加柔性)以及承受轴向力时索股间避免相互挤压,在工厂制造时一般将平行钢丝束按长螺距左旋扭绞 2° ~4°。

图 1-22b)为冷铸镦头锚结构示意图,钢丝尾镦头后锚固在冷铸锚的后锚板上,锚体内灌注混合填料并进行高温养护,冷铸锚的锚固力由锚筒的圆锥体内腔和筒内填充料的横向挤压力承受,而镦头一般不受力,只作为安全储备。

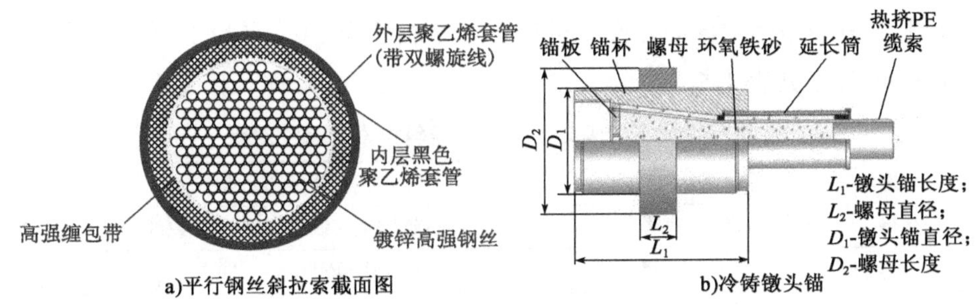

图 1-22 斜拉索结构

(2)平行钢绞线斜拉索

图 1-23 为平行钢绞线斜拉索的结构示意图,平行钢绞线一般采用后张法中的 ϕ15mm 无粘结预应力钢绞线,将光面或带涂层(镀锌或环氧涂层)的钢绞线表面涂防护油脂后热挤聚乙烯外套防护,卷盘运输至现场,逐根穿入 HDPE 套管中,配夹片锚锚固。《无粘结钢绞线斜拉索技术条件》(JT/T 771—2009)规定了 HDPE 管材的性能,根据外套管的颜色,指标略有不同,部分参数见表 1-4。

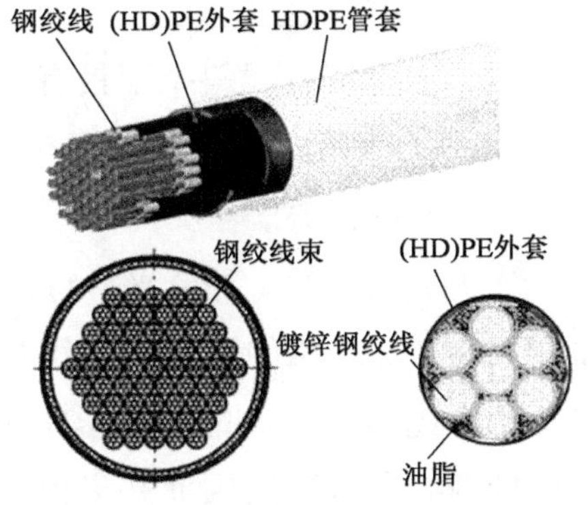

图 1-23 平行钢绞线斜拉索索体结构示意图

HDPE 部分性能参数　　表 1-4

参　数	范　围	参　数	范　围
密度(g/cm³)	0.942～0.978	拉伸弹性模量(MPa)	≥150
拉伸强度(MPa)	≥20	冲击强度(kJ/m²)	≥25
拉伸屈服强度(MPa)	≥10	软化温度(℃)	≥115
断裂伸长率(%)	≥600	脆化温度(℃)	≤-76

从时间上来看,平行钢丝斜拉索出现在20世纪70年代,它逐渐替代了钢丝绳斜拉索、密封钢丝绳斜拉索、高强粗钢筋斜拉索。平行钢绞线斜拉索于20世纪80年代前后出现,世界上首座钢绞线索斜拉桥是1978年在法国建造的勃洛东纳(Pont de Brotonne)桥(主跨320m),斜拉索采用60×ϕ15.2mm钢绞线。我国于1980年在广西红水河修建的铁路桥(主跨96m)首次采用了10×ϕ15.2mm钢绞线斜拉索。平行钢丝斜拉索与平行钢绞线斜拉索的特性对比见表1-5。

平行钢丝斜拉索与平行钢绞线斜拉索的特性对比　　表 1-5

特　性	平行钢丝斜拉索	平行钢绞线斜拉索
材料规格	ϕ5～7mm 镀锌钢丝	ϕ15mm 镀锌钢绞线、环氧涂层钢绞线
材料强度 σ_b	σ_b =1470～1670MPa	σ_b ≥1770～1860MPa
锚固方式	钢丝墩头+锚筒内灌注环氧铁砂浆	夹片夹持钢绞线(部分锚筒内灌注砂浆或油脂)
防护方式	双层防护:钢丝镀锌+索体外热挤PE防护层	四层防护:钢绞线镀锌(或环氧涂层)+油脂(或石蜡)+单根钢绞线热挤PE防护层+整体外包PE护套

由于平行钢绞线斜拉索具有便于运输和施工、防腐性能优良、易于更换等优点,所以平行钢绞线斜拉索被广泛地应用于实际工程中,并有替代平行钢丝斜拉索的趋势。

作为索结构的一种新兴材料,碳素纤维以其优越的力学性能受到越来越多的关注。碳纤维的质量不到钢材质量的1/5,而抗拉强度与钢材相当,抗松弛特性优越,抗腐蚀能力强;然而由于其延性较低,弹性模量和剪切强度比钢丝低,耐热性能差,因而并未得到广泛的应用,迄今为止,只有在日本明石海峡大桥的超短吊索(小于10m)和矮寨大桥的较长的地锚吊索中使用过。

1.3.2　主缆

主缆是悬索桥的主要承重构件，主要承受拉力，目前一般用抗拉强度高的钢丝或钢缆等制作。《公路悬索桥设计规范》（JTG/T D65-05—2015）指出：主缆索股、吊索所用高强度钢丝及钢丝绳宜采用热镀锌线材；主缆用镀锌高强度钢丝直径宜在4.5～5.5mm内。根据缆力的大小，每根主缆内部的钢丝可达数千根至上万根。其常见的截面形式有由高强钢丝形成的圆形截面、钢丝绳组成的六角形截面或者矩形截面，如图1-24所示。

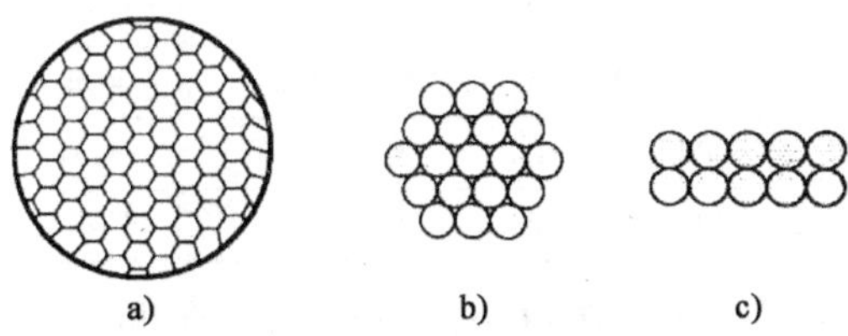

图1-24　平行钢绞线斜拉索结构示意图

主缆的架设方法可采用空中纺丝法（AS法）和预制平行索股法（PPWS法）。PPWS法是预先将若干根钢丝组合成具有正六边形截面的平行钢丝束股并包扎定型，两端安装好锚头后打盘运输到现场。现场架设一定数量的钢丝束股后形成主缆，用紧缆机挤压成规则的圆形并用软质钢丝加以缠绕捆扎。而AS法的钢丝束股是在施工现场利用牵引系统在空中牵拉钢丝，多次反复至一定数量时对钢丝进行梳理捆扎形成的。对于AS法每根钢丝束股所含的钢丝可达300～500根，而PPWS法每股钢丝一般取61、91、127、169根。

AS法于1883年在布鲁克林（Brooklyn）桥中首次应用，而PPWS法于20世纪60年代在美国建造的新港桥中首次应用，并于1973年在日本关门大桥中得到发展和完善。AS法主缆直径比较粗，因而能减少主缆的股数，缩小锚固面积，但现场工作量比较多；而PPWS法减少了现场工作量，避免了丝股之间受力不均匀，使主缆架设更加稳定和安全，但锚固空间相对较大。欧美建造的悬索桥主要使用AS法，我国和日本则主要采用PPWS法。世界上部分悬索桥主缆的尺寸及施工方法见表1-6。

部分悬索桥主缆尺寸及施工方法一览表　　表 1-6

中国			世界各国			
名称	建成年份(年)	主缆 $n\times\phi$ (mm)	名称	国别	建成年份(年)	主缆 $n\times\phi$ (mm)
汕头海湾大桥	1995	PPWS/2 ×560	明石海峡大桥	日本	1998	PPWS/2 ×1120
香港青马大桥	1998	AS/2 ×1100	大贝尔特东桥	丹麦	1998	AS/2 ×827
江阴长江大桥	1999	PPWS/2 ×870	恒伯尔桥	英国	1981	AS/2 ×684
润扬长江大桥	2005	PPWS/2 ×895	金门大桥	美国	1937	AS/2 ×924
舟山西堠门大桥	2009	PPWS/2 ×845	高海岸桥	瑞典	1997	AS/2 ×640
贵州坝陵河大桥	2009	PPWS/2 ×780	南备赞大桥	日本	1988	PPWS/2 ×1070
湖南矮寨大桥	2012	PPWS/2 ×855	乔治·华盛顿桥	美国	1931	AS/4 ×914
马鞍山长江大桥	2013	PPWS/2 ×680	来岛二桥	日本	1999	PPWS/2 ×650
黄埔大桥南汊悬索桥	2008	PPWS/2 ×800	来岛三桥	日本	1999	PPWS/2 ×640

主缆是悬索桥的生命索,在整个悬索桥的寿命期内无法更换。为确保主缆的耐久性,主缆钢丝及缠丝均需镀锌处理,且在紧缆与安装索夹后,在索体外部采用密封剂涂覆与涂料涂装。

1.3.3 吊杆

中承式、下承式拱桥需要通过吊杆将桥面主梁与拱肋相连,悬索桥也需要吊杆(或吊索,后面通称为吊杆)将主缆和桥面主梁相连。

按照刚度,吊杆可以分为刚性吊杆和柔性吊杆。刚性吊杆主要承受轴向拉力,也可能承受部分压力和弯矩。在混凝土拱桥中,刚性吊杆一般采用预应力钢筋混凝土材料,过去也曾经采用钢筋混凝土材料,但因为普通钢筋混凝土索耐久性差现在已较少采用。钢桥中的刚性吊杆多用钢管或型钢制成。刚性吊杆可以增强拱肋的横向刚度,但用钢量大,施工工序复杂。与柔性吊杆相比,刚性吊杆自重较大,在风荷载较大的桥址区域,需注意截面的抗风性能。

柔性吊杆只承受拉力,不承受压力和弯矩,构造简单,实际工程中较多采用。柔性吊杆常采用高强钢丝制成,可分为平行钢丝束吊杆和钢绞线吊杆。平行钢丝束吊杆两端通常采用镦头锚具,钢丝束外热挤高密度聚乙烯形成保护套。

吊杆按布置形式可分为平行竖吊杆体系、倾斜式的吊杆体系(包括无交叉的斜吊杆和有交叉的斜吊杆),如图 1-25 所示。平行竖直吊杆构造简单,施工方便。倾斜式吊杆体系则可不同程度地提高拱桥的整体刚度。

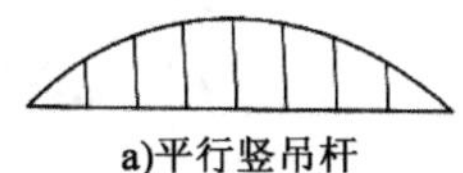

a)平行竖吊杆

b)无交叉的斜吊杆

c)有交叉的斜吊杆

图 1-25　吊杆布置形式

第 2 章　自然风特性与大跨度桥梁的风场

2.1　自然风特性

风与人们的生产生活息息相关，既给人们带来很多益处，如大气循环产生降雨滋润万物、传播花粉促进植物结果和繁衍、吹散雾霾清洁环境、作为动力驱动帆船的航行和进行风力发电等，但也能带来很多危害，如强风导致建(构)筑物被毁、农作物毁坏等。

进行大跨度桥梁的抗风检算、设计和研究，首先需要了解和掌握风的特性。

2.1.1　风的形成

风产生的根本原因是地球表面空气的温度不均衡。为了说明大气中温度对风形成的作用，汉弗莱(Humphreys)提出了一个理想化的大气环流简化模型，如图 2-1 所示。

假设容器 A 和 B 内有温度均匀的流体，高度为 a，并且将连通管 1 和 2 关闭。如果保持 B 内温度不变而提高 A 内流体的温度，那么 A 内流体将膨胀，液面升高到 b。但是膨胀并不改变 A 内所含流体的总重量，因而 c 处两侧的压强仍然不变，也就是说如果打开连通管 2，A 和 B 之间的流体将不会流动。但是如果打开连通管 1，由于存在水压差$(b-a)$，流体将沿着通道 1 从 A 流向 B，于是在 c 高度处，A 内的压强将减小，而 B 内的压强将增大，这时打开连通管 2，流体就会从 B 流向 A。因此，只要 A 和 B 之间存在温度差，这种环流就要持

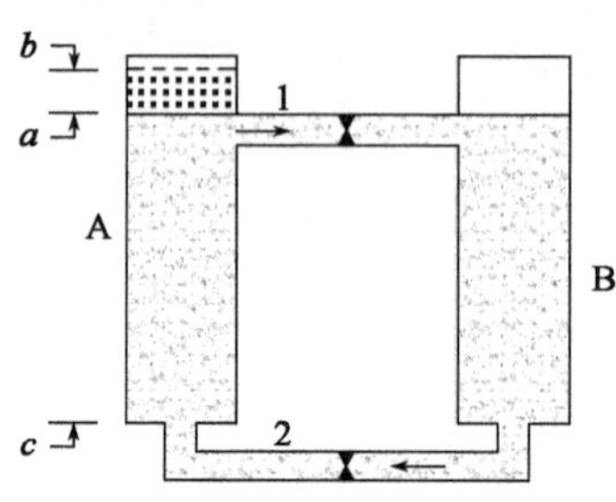

图 2-1　理想化的大气环流简化模型

续下去。

地表附近空气的温度与地表的温度直接相关。地球表面各种物质和材料的比热不一样，陆地比热小，升温和降温快，海洋比热大，升温和降温慢，因此同样纬度的陆地和海洋，会存在温度差，导致地表附近空气温度的不同；另外不同纬度间太阳照射角度不一样、不同经度间太阳照射的时间不一样、不同区域阴晴不一样、同样陆地上植被覆盖程度不一样等，这些因素都会造成地表附近大气温度的时空分布不均衡。

同样海拔下不同空间位置空气温度不一样，会导致气压的不同，温度低的区域空气密度大、气压高，温度高的区域空气密度小、气压低，空气在压力的驱动下，会从高气压区域流向低气压区域，便形成了风。

空气除了在水平方向流动之外，还会由于不同高度处温度、密度和压力的不同，在竖直方向流动，即对流。

除了气压梯度外，地球自转引起的科里奥利力也会影响风的形成和方向。如图2-2所示，相对地表静止的一团空气，其实是在随着地球的自转，同地表保持同速自西向东运转。在北半球，当这团空气从低纬度A流向高纬度B时，受到向右的科里奥利力的作用，因此会向右侧发生偏转；从高纬度流向低纬度时，同样受向右的科里奥利力的作用，同样会向右侧发生偏转。在南半球，由于转动方向相对改变，空气会向左侧发生偏转，刚好和北半球相反。

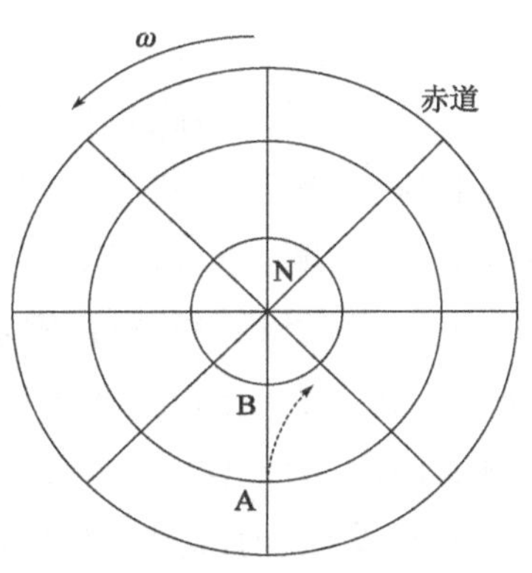

图2-2　科里奥利力对风向的影响

因此，从高空向下看，北半球的台风都是形成右手旋的旋转方向；南半球的台风都是形成左手旋的旋转方向。

2.1.2　风的种类

(1)大气环流

如果把前述容器A和B设想为赤道和两极上空的空气柱，那么在忽略其他因素影响的条件下就可以看到形成了图2-3所示的大气环流。正是因为科里奥利力等因素的存在,使得大气环流为图 2-3 所示的南北半球各三个环流。这就是大气环流。

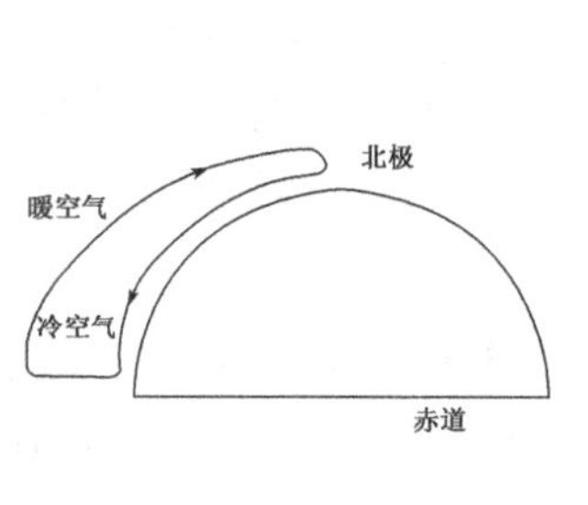

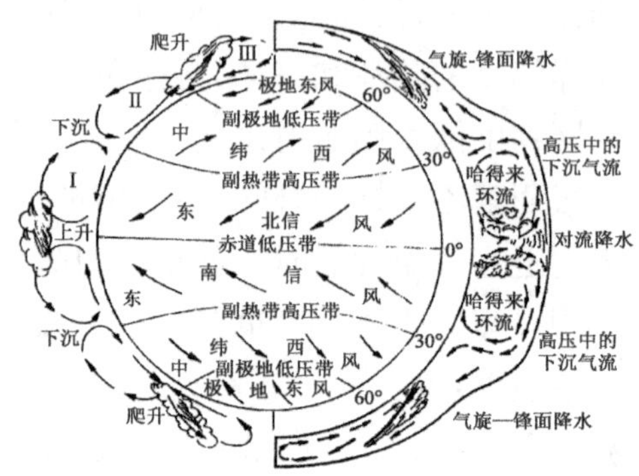

图 2-3　大气环流示意图

大气环流是形成各种气候类型的主要因素,也是大气中热量、水汽等输送和交换的重要方式。大气环流对气候的影响十分显著,一般说来,上升气流和从低纬度流向高纬度的气流,气温由高变低,水汽容易凝结,降水机会较多;下沉气流和从高纬度流向低纬度的气流,气温由低变高,水汽不易凝结,降水机会就少。因此,在不同气压带和风带控制下,气候特征尤其是降水的变化有显著的差异。

(2)季风、海陆风、热带气旋与温带气旋

季风:由于海洋与陆地的热力差异、季节变化、高原地形的作用和南北半球气流的相互作用而形成的以半年为周期改变盛行风向的风。

海陆风:白天,陆地温度高于海洋,陆地气压低于海洋,风从海洋吹向陆地;夜晚则相反,风从陆地吹向海洋,统称海陆风。

热带气旋:发生在低纬度热带洋面上的低气压或空气涡旋统称为热带气旋。按世界气象组织规定,热带气旋按其中心附近 2min 平均最大风力等级区分为不同的强度。从 1989 年起,采用国际标准将热带气旋分为以下四类。

①热带低压:中心附近最大平均风力 6 ~ 7 级;

②热带风暴:中心附近最大平均风力 8 ~ 9 级;

③强热带风暴:中心附近最大平均风力 10 ~ 11 级;

④台风即飓风:中心附近最大平均风力 12 级以上。

根据亚太经社理事会和世界气象组织下设的台风委员会的决定，从2000年1月起，西北太平洋和南海的台风采用具有亚洲风格的名字，其命名简短、通俗、易记，将有助于公众传递台风信息，提高警觉和增加警报效果。它的名字共有140个，分别由亚太地区的柬埔寨、中国、朝鲜、中国香港、日本、老挝、中国澳门、马来西亚、菲律宾、韩国、泰国和越南等14个国家和地区提供，每个成员国和地区分别征集提供10个名字，命名表按顺序排列，循环使用。

我国提供的名字大多是人们熟悉的各种神话传说中的主角，如龙王、玉兔、悟空等；日本提供的是星座名称；中国香港提供的有启德、姗姗等女性化名字；中国澳门则大多是花鸟虫鱼的名字等。

在北半球，热带旋风的风向从高空向地面视角是逆时针方向旋转；而在南半球，则为顺时针方向旋转。

热带气旋的形成随地区不同而异，它主要是由太阳辐射在海洋面所产生的大量热能转变为动能（风能和海浪能）而产生的。海洋水面受日照影响，往往在离赤道10°纬度地区生成热而湿的水汽向上升起，形成庞大的水汽柱。热低压区和稳定的高压区气压之差产生空气流动，由于平衡产生相互补充的力使之呈螺旋状流动，气压高低相差越大，旋转流动的速度越大。

西北太平洋是全球生成热带气旋最多的海区，全球约有30%的热带气旋生成于西北太平洋，而这些热带气旋中约有80%会发展成台风。在我国登陆的台风占整个西北太平洋台风总数的35%，海南、广西、广东等省市遭遇热带气旋的次数最多；沿东海岸向北，台湾、福建、浙江、上海、江苏、山东、辽宁等省市遭遇热带气旋的次数依次减少；由沿海向内陆，遭遇热带气旋的次数也逐渐减少。我国仅青海、甘肃、西藏、新疆四个省（自治区）没有受到热带气旋影响。

温带气旋：又称为“温带低气压”或“锋面气旋”，是活跃在温带中高纬度地区的一种近似椭圆形的斜压性气旋，是由大尺度气流受山脉阻挡的机械作用或沿锋面两侧的气团之间的相互作用产生的。

（3）地方性风

与大气环流对应的是地方性风，是由下垫面性质的不均匀性、地形起伏、坡向差异等局地的热力和动力因素所引起的，包括山谷风、城市热岛环流、龙卷风、焚风、下击暴流等。

山谷风：昼夜交替过程中在太阳辐射和地表散热因素作用下，山坡、山谷和山地、平原间的气温差形成气压梯度，驱动空气流动，形成以昼夜为周期吹向山上或山下的风。

城市热岛环流：通常城市的年平均气温比郊区高出0.5～1℃。当大气环流微弱时，城市热岛的存在，引起空气在城市上升，在郊区下沉，在城市与郊区之间形成了小型的热力环流，称之为城市热岛环流。

龙卷风：龙卷风是发生于直展云系底部和下垫面之间的直立空管状旋转气流，是一类局地尺度的剧烈天气现象。龙卷风可见于热带和温带地区，包括美洲内陆、澳洲西部、印度半岛东北部等。龙卷风的季节性较弱，春季、夏季、秋季均可发生。

焚风：当一团空气从高空下沉到地面时，每下降1000m，温度平均升高6.5℃。例如，当空气从海拔4000～5000m的高山下降至地面时，温度会升高20℃以上，使凉爽的气候顿时热起来，是气流越过高山后下沉造成的山区特有的天气现象，在西南地区的山谷里经常发生，也被称为干热河谷风。

下击暴流：雷暴云中局部性的强下沉气流，到达地面后会产生一股大风，越接近地面风速会越大，最大地面风力可达十五级。属于突发性、局地性、小概率、强对流天气。

2.1.3 风力等级

气象预报中将风力分成0～12共13个等级，通常采用英国人蒲福(Beaufod)拟定的等级，它是按照陆上地物征象、海面和渔船征象以及10m高处的风速、海面波高等划分的。蒲福风力等级划分详见表2-1。

蒲福风力等级划分　　表2-1

风级	名　称	风速(m/s)	陆地物象	水面物象	浪高(m)
0	无风	0.0～0.2	烟直上，感觉没风	平静	0.0
1	软风	0.3～1.5	烟示风向，风向标不转动	微波峰无飞沫	0.1
2	轻风	1.6～3.3	感觉有风，树叶有一点响声	小波峰未破碎	0.2
3	微风	3.4～5.4	树叶树枝摇摆，旌旗展开	小波峰顶破裂	0.6

续上表

风级	名　　称	风速 (m/s)	陆 地 物 象	水面物象	浪高 (m)
4	和风	5.5～7.9	吹起尘土、纸张、灰尘、沙粒	小浪白沫波峰	1.0
5	轻劲风	8.0～10.7	小树摇摆,湖面泛小波,阻力极大	中浪折沫峰群	2.0
6	强风	10.8～13.8	树枝摇动,电线有声,举伞困难	大浪白沫离峰	3.0
7	疾风	13.9～17.1	步行困难,大树摇动,气球吹起或破裂	破峰白沫成条	4.0
8	大风	17.2～20.7	折毁树枝,前行感觉阻力很大,伞可能飞走	浪长高有浪花	5.5
9	烈风	20.8～24.4	屋顶受损,瓦片吹飞,树枝折断	浪峰倒卷	7.0
10	狂风	24.5～28.4	拔起树木 ,摧毁房屋	海浪翻滚咆哮	9.0
11	暴风	28.5～32.6	损毁普遍,房屋吹走,有可能出现“沙尘暴”	波峰全呈飞沫	11.5
12	台风(亚太平洋西北部和南海海域)或飓风(大西洋及北太平洋东部)	32.7～36.9	陆上极少,造成巨大灾害,房屋吹走	海浪滔天	14.0

2.2　大跨度桥梁风场

2.2.1　大气边界层

地球周围覆盖着一层厚度达1000km的大气层(或简称大气)。由于地球引力的作用,大气总质量的绝大部分集中在离地面50km以内的范围中,大气的压强和密度随着高度增加呈单调下降趋势。根据不同特性,可把大气层从低到高分为对流层、平流层、中间层和热层等,如图2-4所示。对流层是大气最底下的、与地面直接接触的一层,从海平面起,其高度在赤道处为16～18km,在中纬度地区为10～12km,在两极为7～10km。对流层之上是平流层,其范围约到32km,这一层内的空气质量约占全部大气质量的1/4。高度从32～85km称为中间层,热层为中间层顶以上的大气,有时也把其400km

以下的部分称为高温层,把400km以上的部分称为外层大气。

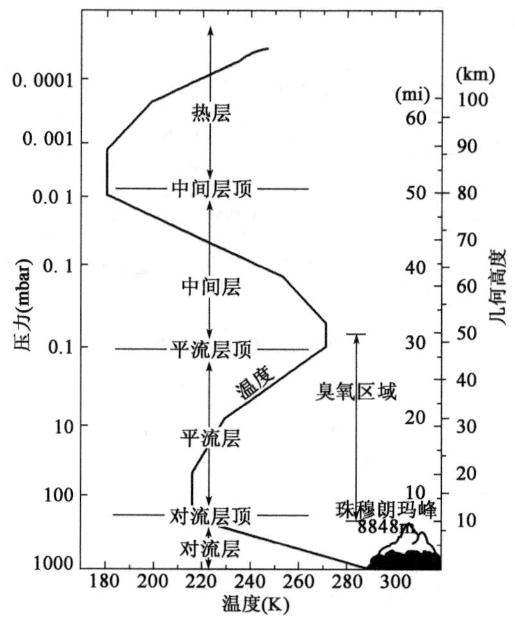

图2-4 大气层结构示意

在大气的不同气层里,气温的变化和空气的运动情况有所不同。在对流层中,气温受太阳光辐射、地表热辐射和空气之间的热辐射共同影响,且增热主要是依靠吸收地面长波辐射,因此越靠近地面温度也越高;离地面越远温度就越低,冷热空气间会发生竖向的对流现象,风暴、雷、雨等气象变化都发生在这一层内。平流层的得名源于其中的空气几乎是水平流动的,没有竖向流动,因此平流层里也没有雷、雨等气象变化。

按照大气运动的动力学性质,可以将对流层中的大气沿垂直方向粗略地分为上部自由大气层和下部大气边界层。地球表面受地表粗糙度影响,平均风和脉动风等随高度明显变化的大气层部分,称为大气边界层。受粗糙地表的摩擦而引起的阻滞作用的影响,大气边界层中的气流在近地表处的速度明显减慢,并在地表处降为零。而由于相邻气层之间的紊流掺混使得这种地表阻滞或摩擦的影响可扩展到整个大气边界层,并在沿高度方向各气层之间产生剪切应力。大气边界层的高度可达1.0~1.5km,在此范围内风速随高度的变化而变化。再往上就是自由大气层,地表摩擦力对大气运动(即风)的影响可以忽略,此地的高度称为梯度风高度。

风工程研究中,将图2-5所示大气边界层划分为三个区域:离地面2m以内的区域称为底层;2~100m的区域称为下部摩擦层;100~500m的区域称为上部摩擦层。底层和下部摩擦层总称为近地面层。在近地面层中,大气与地面之间存在着非常强烈的相互作用,地面的地形地貌条件和摩擦的变化会较直接地影响该层大气的运动特性。在近地面层之上的上部摩擦层中,大气运动受地面的地形地貌条件和摩擦的影响逐渐减弱。

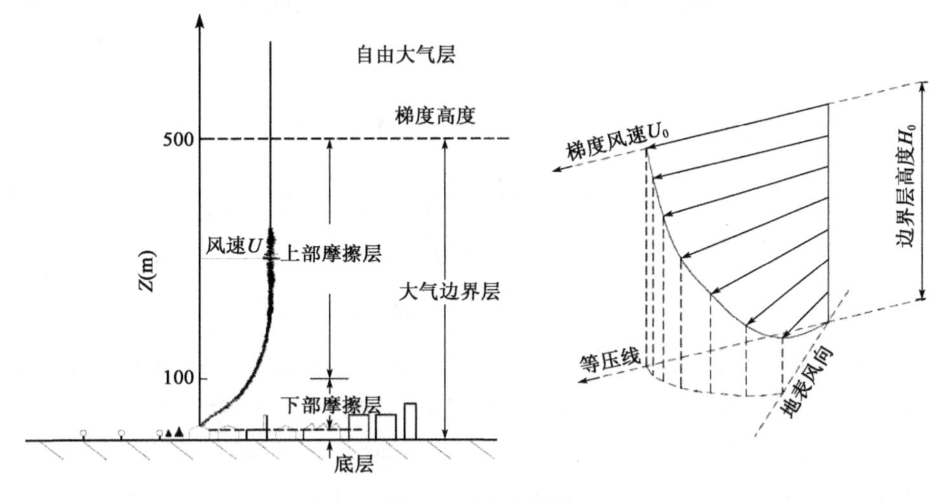

图2-5 大气边界层

2.2.2 风工程的四类风场

由于粗糙地表引起的摩擦效应使得大气边界层中的自然风具有紊流特性。大量的实测资料表明,在瞬时风速的时程中主要包含了长周期和短周期两种成分。其中,长周期在10min左右或以上、而短周期只有几十秒至几秒甚至更小。由于长周期成分远远大于工程结构的固有周期,因此其对结构的作用基本不随时间变化,或变化十分缓慢,可认为其作用是静力的,因此大多数国家规范规定的平均风速的时距都在10min或以上,我国规范取为10min。

而短周期成分是由风的不规则脉动引起的,其强度是随时间呈随机变化的,因此其对结构既有静力作用也有动力作用,需要按随机问题来分析。因此,在工程实践中,紊流的瞬时风速可以看成是平均风速U和脉动风速u的叠加，如图 2-6 所示。对结构的作用也可按平均风的静力作用和脉动风的动力作用分开来处理。

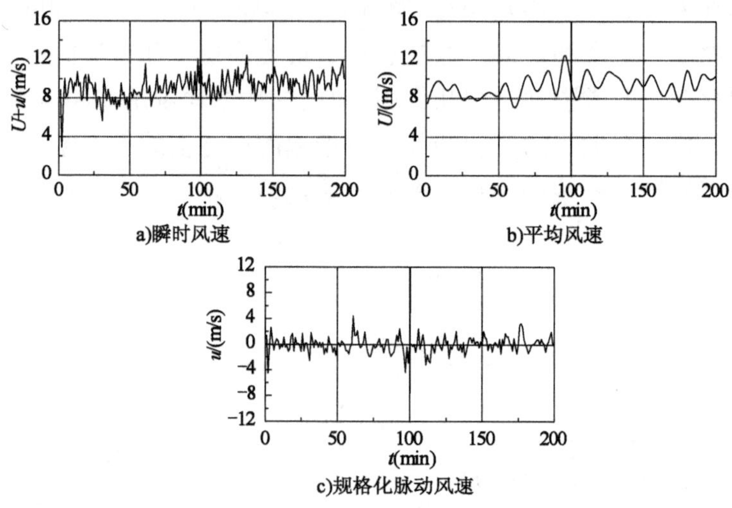

图 2-6　实测瞬时风速的分解

脉动风速是三维的，可用三个相互正交的分量 $u(t)$、$v(t)$、$w(t)$ 来表示。其中 $u(t)$ 为脉动风速沿平均风方向（顺风向）的分量，简称为顺风向脉动风速，可与平均风速 U 进行代数叠加；$v(t)$、$w(t)$ 分别被定义为脉动风速沿与平均风方向垂直的水平方向和竖直方向的分量，简称为横风向脉动风速和竖向脉动风速。

（1）平均风特性

大气边界层中，平均风速沿高度变化用平均风剖面或平均风廓线表示，随着离地表高度的增加，不仅平均风速增大，而且平均风的风向也会因为科里奥利力的影响而发生变化。然而，实测资料表明直至 180m 高度，风向的改变依然很小，除非是特别高且对风向较为敏感的结构，在风工程实践中一般都忽略平均风方向沿高度的变化，所以一般采用如图 2-7 所示的平均风剖面。

①地貌类别和大气边界层特征高度参数

在地表摩擦作用下，随着高度的增加，平均风速逐渐增大，脉动风速逐渐减小。然而地球的表面存在不同的山川、丘陵、森林以及各式各样的人工建（构）筑物等，还有江、湖、海等的水面，因此地表的粗糙程度是不同的，为了方便工程设计，用一个统计意义上的参数"粗糙高度"来表征不同类别地表的粗糙程度。粗糙高度一般用 z_0 表示，是影响近地边界层风特性的最主要参数，反映了地表上的旋涡尺度，与地表粗糙元的性质、高度和分布有关。粗糙高度的实测值离散性很大，一般由经验确定取值范围，以便于工程应用。不同地面类型的地表粗糙高度见表 2-2。

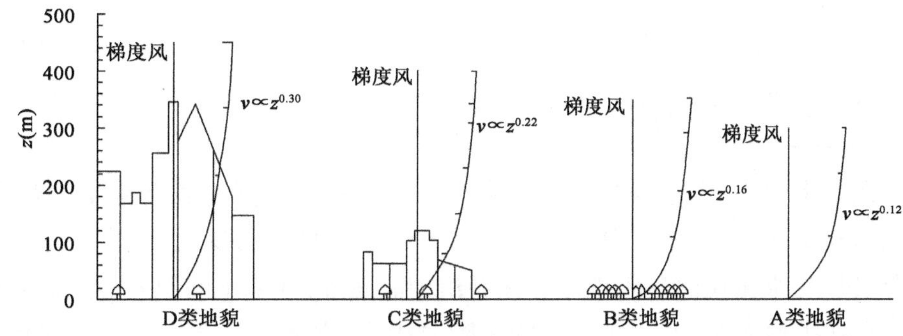

图 2-7　平均风剖面示意图

不同地面类型的地表粗糙高度　　表 2-2

地 面 类 型	粗糙高度 z_0(m)
沙地	0.0001 ~ 0.001
雪地	0.001 ~ 0.005
草地，干旷草原	0.01 ~ 0.04
高草地	0.04 ~ 0.10
松树林(平均树高 15m，每 10m² 一棵树)	0.9 ~ 1.0
稀疏建设的市郊	0.20 ~ 0.40
密集建设的市郊、市区	0.80 ~ 1.20
大城市中心	2.00 ~ 3.00

不同的地表粗糙高度也会导致不同的梯度风高度(即大气边界层高度)，在此高度以上是自由大气层，其风速不再受地面摩擦阻滞作用。梯度风高度一般用 H_G 表示，也是描述大气边界层风特性的一个重要的特征高度参数。

②对数律分布

一个场地的风速廓线的具体形状与该场地的地表粗糙度直接相关，不少研究者用理论推导加经验修正的方式，提出了各种风速廓线的函数表达式，主要有对数型和指数型两种。

粗糙的地表对空气运动的摩擦阻滞作用通过相邻气层之间紊流掺混而向上扩散，摩阻速度 u_* 是一个与这种近地大气层剪切应力有关的大气边界层特征参数，计算公式为：

$$u_* = \sqrt{\frac{\tau_0}{\rho}} \tag{2-1}$$

式中：τ_0——地表处气流的剪切应力；

ρ——空气密度。

在城市中心，由于高层甚至超高层建筑密集导致下垫面粗糙度较大，局部风速较小，所以在城市中一定高度以下风速随高度的变化比较乱，不一定符合对数规律和其他变化规律。除城市中心之外，其余不同地表的一定高度内也存在类似情况，因此在工程的实际应用中，常将这一高度内的风速近似取为常数计算。

由地面粗糙高度可定义地面阻力系数 k_d：

$$k_d = \left(\frac{k}{\ln\frac{10}{z_0}}\right)^2 \tag{2-2}$$

式中：k——卡门(Karman)常数，一般近似取0.4。

进一步考虑地表粗糙元的性质、高度和分布函数，定义零平面位移 z_d 为：

$$z_d = \overline{H} - \frac{z_0}{k_d} \tag{2-3}$$

式中：$\overline{H}$——城市中建筑的平均高度。

z_b 为考虑地面粗糙度和零平面位移（图2-8）因素时风剖面为对数规律的起点高度，或称标准参考高度。

对不同地面粗糙度，其下垫面高度不一致，则 $z_b = z_0 + z_d$ 的取值不同：

a. 当下垫面平坦时，可取零平面位移 $z_d = 0$；

b. 若下垫面粗度比较大，如大城市中心、密集的市区范围内，z_d 可取20m和0.75$\overline{H}$ 中较小的值；

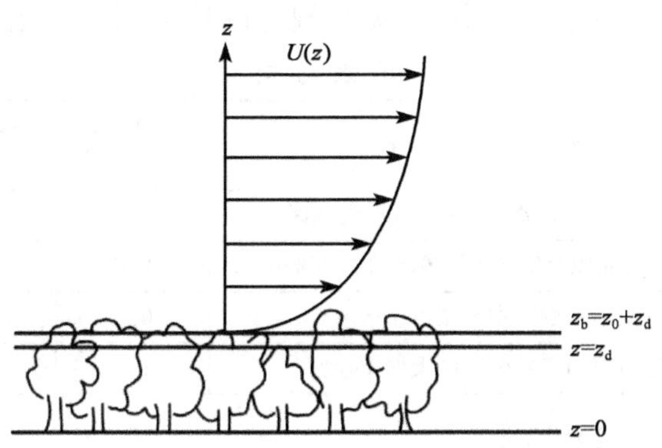

图 2-8　零平面位移概念

c. 当 $z_0+z_d<10\text{m}$ 时，取 $z_0+z_d=10\text{m}$；

d. 当 $z_0+z_d\geqslant10\text{m}$ 时，按实际取值。

设实际高度为 z_p，有效高度 z 为：

$$z=z_p-z_d \tag{2-4}$$

风速廓线的对数律可以用如下对数函数形式表示：

$$U(z)=\frac{u_*}{k}\ln\left(\frac{z}{z_0}\right) \tag{2-5}$$

式中：$U(z)$——大气底层内 z 高度处的平均风速；

u_*——摩阻速度，也可称为流动剪切速度；

z_0——地面粗糙高度(m)，不同地表状态下的值见表 2-3。

③指数律分布

用幂函数律分布计算风速廓线时比较简便，因此目前大多数国家采用经验的幂函数律分布来描述近地层中平均风速随高度的变化，我国《公路桥梁抗风设计规范》(JTG/T 3360-01—2018)采用的就是幂函数律，假定大气边界层内风速沿铅直高度的分布服从幂函数律。风速线的幂函数律分布表示为：

$$U(z)=U_b\left(\frac{z}{z_b}\right)^{\alpha} \tag{2-6}$$

式中：z_b、U_b——分别为标准参考高度和标准参考高度处的平均风速；

z、$U(z)$——任一高度和任一高度处的平均风速；

α——地面粗糙度指数，规范规定的地面粗糙度指数见表 2-3。

地 表 分 类　　表 2-3

类别	地 貌 状 况	粗糙高度 z_0(m)	梯度风高度 H_G(m)	粗糙度指数 α
A	类指近海海面、海岛、海岸、湖岸及沙漠地区	0.01	300	0.12
B	田野、乡村、丛林、丘陵以及房屋比较稀疏的中小城市郊区	0.05	350	0.16
C	有密集建筑群的中等城市市区	0.3	400	0.22
D	有密集建筑群但房屋较高的大城市市区	1.0	450	0.30

地貌分类如图 2-9 所示。

a)A类

b)B类

c)C类

d)D类

图 2-9　地貌分类

(2)脉动风特性

大气运动是一种紊流运动，紊流运动是一种随机过程，可以用数理统计的方法来研究脉动风的特性。脉动风中的物理量随时间和空间的变化是一种随机变量，当大气是中性稳定时，大气运动可以看成是平稳的随机过程，这时脉动风的物理量可以用时间平均值来代替统计平均值，即可以用某一空间点上长时间观测的样本进行平均来代表整个脉动风的统计特性。脉动风的统计特性包括紊流强度、紊流积分尺度、阵风系数以及脉动风的功率谱密度

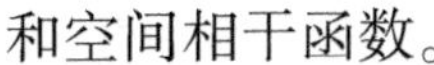

和空间相干函数。

①紊流强度

紊流强度是描述风速随时间和空间变化的程度，反映脉动风速的相对强度，是描述大气紊流运动特征的最重要的特征量。绝对的紊流强度实际上就是风速脉动的标准差，而相对的紊流强度定义为脉动风速的标准差与平均风速的比值，即：

$$\begin{cases} I_{\mathrm{u}} = \dfrac{\sigma_{\mathrm{u}}}{U} \\ I_{\mathrm{v}} = \dfrac{\sigma_{\mathrm{v}}}{U} \\ I_{\mathrm{w}} = \dfrac{\sigma_{\mathrm{w}}}{U} \end{cases} \tag{2-7}$$

式中：I_{u}、I_{v}、I_{w}——高度 z 处的顺风向、水平横风向和竖向的相对紊流强度；

σ_{u}、σ_{v}、σ_{w}——高度 z 处的顺风向、水平横风向和竖向脉动风速的标准差。

由于在实践中人们较为广泛使用的是相对紊流强度，因此为了简化，“相对”两字常被省略，简称为紊流强度。也就是说，所谓紊流强度一般均指相对紊流强度。按照公式(2-7)可以由桥址处风速风向的实测值计算出桥址处的紊流强度。当缺少桥址处紊流风观测数据时，我国《公路桥梁抗风设计规范》(JTG/T 3360-01—2018)建议顺风向的紊流强度的平均值按表2-4选取。显然，紊流强度与地面粗糙度和测点高度有很大关系，测点越高，紊流强度越小，地面越粗糙，紊流强度也越大，表2-4的紊流强度的建议值就体现了该规律。另外，我们从经验中也可感受到顺风向的紊流强度一般大于水平横风向的紊流强度和竖平面方向的紊流强度，因此《公路桥梁抗风设计规范》(JTG/T 3360-01—2018)建议无实测资料时，可取 $I_{\mathrm{v}} = 0.88I_{\mathrm{u}}$，$I_{\mathrm{w}} = 0.50I_{\mathrm{u}}$。

顺风向的紊流强度 I_{u}　　表2-4

高度(m)	地表粗糙度类别			
	A	B	C	D
$10 < z \leqslant 20$	0.14	0.17	0.25	0.29
$20 < z \leqslant 30$	0.13	0.16	0.23	0.29
$30 < z \leqslant 40$	0.12	0.15	0.21	0.28

续上表

高度(m)	地表粗糙度类别			
	A	B	C	D
$40 < z \leqslant 50$	0.12	0.15	0.20	0.26
$50 < z \leqslant 70$	0.11	0.14	0.18	0.24
$70 < z \leqslant 100$	0.11	0.13	0.17	0.22
$100 < z \leqslant 150$	0.10	0.12	0.16	0.19
$150 < z \leqslant 200$	0.10	0.12	0.15	0.18

②紊流积分尺度

空间某点速度脉动的原因,可以认为是平均风输送一列理想的涡旋,每一个涡旋都在该点引起了周围脉动,脉动频率为 n。我们可以定义涡旋的波长为 $\lambda = U/n$,这个波长就是涡旋大小的量度。紊流积分尺度是气流中紊流涡旋平均尺寸的量度,对应于纵向(顺风向)、横向和垂直方向脉动速度分量 u、v、w 的涡旋,每个涡旋又有三个方向的尺度,因此共有 9 个紊流积分尺度,如 L_u^x、L_u^y、L_u^z 分别表示与纵向脉动速度 u 有关的涡旋在 x、y、z 三个方向上的平均尺寸。应用平稳随机过程理论,可以定义:

$$L_u^x = \frac{1}{\sigma_u^2} \int_0^x R_{u_1 u_2}(x)\,\mathrm{d}x \tag{2-8}$$

式中:$R_{u_1 u_2}(x)$——(x_1, y_1, z_1, t) 与 $(x_1 + x, y_1, z_1, t)$ 两点间脉动分量 u 的互相关函数,类似地可以定义其余 8 个紊流积分尺度。

相隔距离远超过积分尺度的两点间的脉动速度是不相关的,因此它们在结构上的作用一般会互相抵消。如当 L_u^y、L_u^z 小于一块垂直于平均风方向放置的平板尺寸时,纵向脉动对总的风荷载影响很小,但是如果 L_u^y、L_u^z 很大时,意味着涡旋包围了整块平板,其影响就会十分明显。

③阵风系数

自然风是由随机脉动的风速表征的流动,其瞬时风速可以看成是平均风速和脉动风速的叠加。不同的平均风时距可以导致不同的平均风速和脉动风速,对于工程设计中使用的年最大平均风速,原则上平均的时距越长,所得的平均风速就越小。当平均时距小于 3s 时所得的平均风速一般均被认为是瞬时风速,也叫阵风风速,记为 U_g。阵风风速和平均风速 U 之比称为阵风系数，记为 G_V，即：

$$G_V = \frac{U_g}{U} \tag{2-9}$$

实测研究结果表明，阵风的卓越周期约为1min，而我国规范规定平均风时距为10min，包含了约10个卓越周期，可反映记录数据中较大风速的实际作用。

④脉动风功率谱密度

在紊流场中存在着由各种原因产生的许多大小不一、相互牵连的漩涡，流场中的运动能量通过惯性从"大尺度涡"向"中尺度涡"再向"小尺度涡"和"微尺度涡"传递，最终被空气的黏性所耗散。影响紊流能量耗散的主要是那些频率很高的微尺度旋涡，其剪切变形和黏性应力较大。当没有能量来源时，黏性引起的动能损失将使紊流运动衰减，黏性越大衰减越快，反之亦然。风速的脉动就是由于包含在空气中的这些大大小小的旋涡产生的，这些旋涡以各自的圆频率 $\omega = 2\pi n$ 做周期运动。这样紊流运动的总能量可以认为是气流中每一旋涡的贡献总和。较小的旋涡引起频率较高的风速脉动，能量相对较小；较大的旋涡引起频率较低的风速脉动，能量相对较高，因此风速脉动可以看成是由许多频率和幅值不同的速度波组成。脉动风功率谱密度是脉动风脉动动能在频率上的分布密度，用来描述风速脉动中不同尺寸漩涡的动能对风速脉动的贡献程度。在工程结构随机风振响应的研究中，风谱是一个不可缺少的重要参数。

脉动风功率谱密度一般都被表示为规则化形式，即 $nS_a(n)/u_*^2$ 或 $nS_a(n)/\sigma_a{}^2$，因为如此规则化的谱曲线至少有一个与紊流典型尺度相对应的峰值。根据科尔莫格洛夫（Kolmogorov）假说，得到的各向同性紊流的规则化脉动风功率谱可表示为：

$$\frac{nS_a(z,n)}{u_*^2} = A_a f_z^{-\frac{5}{3}} \tag{2-10}$$

式中：f_z——一种无量纲的规则化频率，称为莫宁（Monin）坐标或相似律坐标 $f_z = nz/U(z)$；

下标 $a = u$、v、w，且 A_u、A_v、A_w 分别近似等于0.27、0.36和0.36。

Kolmogorov风谱只适用于频率高于惯性子区下限的脉动成分，而且风谱

是频率的 –5/3 次方。实测结果表明，在 $f_z \geqslant 0.2$ 的高频范围内，Kolmogorov 风谱可以较好地表示均匀平滑地貌上的风谱平均值；在 $0 < f_z < 0.01$ 的低频范围内，实测的规则化风谱与 f_z 近似呈线性关系，因此在该频带内，Kolmogorov 风谱是不适用的。

脉动风功率谱密度函数可以由建立在一定假设的基础上经理论推导得到，也可由风速仪记录的数据通过低通滤波器测出功率谱曲线。有许多风工程专家对脉动风功率谱进行了研究，得到了不同形式的风速谱表达式。

目前，我国《公路桥梁抗风设计规范》（JTG/T 3360-01—2018）建议的功率谱表达式是采用卡曼（Kaimal）1972 年提出的表达式，卡曼谱考虑了大气紊流运动中风速谱随高度的变化规律，其顺风向脉动风谱为：

$$\frac{n \cdot S_u(n,z)}{u_*^2} = \frac{200 f_z}{(1+50 f_z)^{\frac{5}{3}}} \tag{2-11}$$

⑤脉动风相干函数

脉动风相干函数表征了空间两点脉动风速在频域上的统计相关性。Panofsky 最先给出了脉动风相干性的表达式：

$$coh(f,\Delta) = \frac{C^2(f) + Q^2(f)}{\phi_1(f) \cdot \phi_2(f)} \tag{2-12}$$

式中：　f——频率；

Δ——空间两点的间距；

$\phi_1(f)$ 和 $\phi_2(f)$——分别是空间两点脉动风速时程的功率谱密度估计；

$C(f)$——空间两点互功率谱密度的实部；

$Q(f)$——空间两点互功率谱密度的虚部。

Davenport（1961）基于大气边界层内的现场实测数据，提出了第一个脉动风相干函数经验模型：

$$coh(f,\Delta) = \exp\left(-C\frac{f \cdot \Delta}{U}\right) \tag{2-13}$$

式中：C——衰减系数；

U——平均风速。

但是上述经验模型往往不能很好地描述实际情况，特别是在低频率和较大间距情况时，因此 Mann（1991）对上述经验模型进行了改进：

$$coh(f,\Delta) = \sqrt{\left(1 - B\frac{\Delta}{z}\right)} \cdot \exp\left(-C\frac{f \cdot \Delta}{U}\right) \tag{2-14}$$

式中：z——空间两点的竖向间距；

B——频率靠近0时用于调整相干函数的待定参数。

为了方便起见，Hui(2009)对上述表达式模型做了简化处理：

$$coh(f,\Delta) = K \cdot \exp\left(-C\frac{f \cdot \Delta}{U}\right) \tag{2-15}$$

式中，K的作用等同于参数B。

2.2.3 大跨度桥梁的风场

大跨度桥梁的场址所在地主要分为三类，分别是近海地区、内陆地区以及海洋。这三个地区的风场特性存在差异，故风对桥梁的作用也会不同，为了明确不同桥址处桥梁的风荷载，需要对各个地区的风场特性有准确的认识和把握。

(1)近海地区

东南沿海地区，A类地貌居多，风从海面吹过来与从陆地吹过来的风场可能不同。一般按规范规定风场来进行分析。

(2)内陆地区

四川等多山地区，当风遇到峡谷或山体时，会出现大范围的绕流、分离及再附着，邻近山体产生气动干扰，使复杂地形地貌桥址区风场具有更强的不确定性，具体来说，包括如下几个方面的特征：在高山、峡谷间容易形成山谷风效应和狭管效应；山地风场紊流强度大，紊流特性更容易受上游山峰或植被等因素的影响，紊流积分尺度与规范不同；山区地表的粗糙度类别不能简单地归类；山区气流攻角大，风速剖面分布规律明显不同于平原地区，导致山区风场的平均风速剖面不再遵从对数律或指数律，脉动功率谱也与规范偏离较远。

(3)海洋

海洋桥梁面临的风场环境更加复杂，主要表现在两个方面：一方面，相较于近海和内陆桥梁，海洋桥梁遭遇台风将更加频繁，但台风极值风速、平均风速剖面、近地紊流特性等关键风参数明显不同于一般良态气候的强风，且目前缺乏对台风风场合理描述的数学模型;另一方面,海上桥梁常遇风的风速更高、风向多变、非平稳特性显著、局部气候特性明显。

2.2.4 大跨度桥梁抗风的常用术语

大跨度桥梁抗风设计和研究中,经常用到的术语和含义如下:

(1)基本风速(basic wind speed)

桥梁所在地区开阔平坦地貌条件下,地面以上10m高度、重现期100年(即100年超越概率为63.2%)、10min平均的年最大风速。

(2)桥梁设计基本风速(basic wind speed at bridge site)

桥位地面(或水面)以上10m高度、重现期100年(即100年超越概率为63.2%)、10min平均的年最大风速。

(3)设计基准风速(reference wind speed)

桥梁或构件基准高度、重现期100年(即100年超越概率为63.2%)、10min平均的年最大风速。

(4)桥梁设计基准风速(bridge reference wind speed)

特指桥梁主梁基准高度处的设计基准风速。

(5)风攻角(wind attack angle)

风的主流方向与水平面之间的夹角。

(6)风偏角(yaw angle)

风的主流方向在水平面的投影与桥轴线的垂直面的夹角,如图2-10所示。

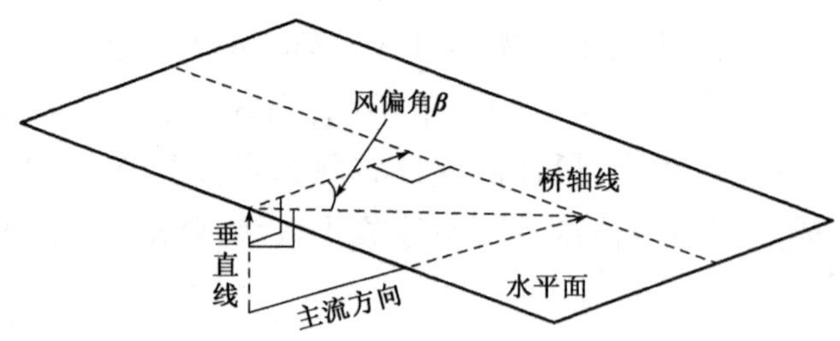

图2-10 风偏角定义示意图

(7)阵风系数(gust factor)

时距为1~3s的瞬时风速与时距为10min的平均风速之间的比例系数。

(8)紊流强度(turbulenee intensity)

描述脉动风速随时间和空间变化程度的参数,为风速的脉动分量的标准差与平均风速之比。

(9)W1 风作用水平(wind action W1)

对应于重现期10年(即10年超越概率为65.1%)的风作用水平。

(10)W2 风作用水平(wind action W2)

对应于重现期100年(即100年超越概率为63.2%)的风作用水平。

(11)等效静阵风系数(equivalent static gust wind factor)

考虑紊流强度、脉动空间相关性、加载长度(或高度)和结构构件离地面(或水面)高度等因素的顺风向风荷载加载时的风速比例系数。

(12)地表粗糙高度(terrain roughness height)

反映大气边界层中地表起伏或地物高矮稀密程度的参数。

(13)气动力(aerodynamic force)

风对结构构件所产生的气动作用力的总称。

(14)气动力系数(aerodynamic force coefficients)

表征在风作用下结构构件所受气动力大小的无量纲参数。

(15)静气动力(aerostatic force)

表征平均风作用在结构构件上的静力作用力。在横桥向风作用下,对主梁可以用静力的三个分力表示,在体轴上称为横桥向力、竖向力和扭转力矩,在风轴上称为阻力、升力和扭转力矩。相应的气动力系数在体轴上称为横桥向力系数、竖向力系数和扭转力矩系数,在风轴上称为阻力系数、升力系数和扭转力矩系数。

(16)静力稳定性(static stability)

结构或构件在静力荷载作用下维持平衡状态的能力。

(17)静风稳定性(aerostatic stability)

在静气动力作用下,结构的变形所引起的附加气动力超过了结构抵抗能力的增量而出现变形不断增大的失稳或发散现象,称为静风失稳,包含静风横向失稳与静风扭转发散。静风稳定性为桥梁在静气动力作用下维持平衡状态而不出现静风失稳的能力。

(18)静风横向失稳(aerostatic lateral buckling)

横向静风荷载值超过桥梁主梁横向失稳临界荷载值时出现的失稳现象。

(19)静风扭转发散(aerostatic torsional divergence)

在风的静力扭转力矩作用下,桥梁主梁扭转变形的附加攻角所产生的气动力矩增量超过了结构抵抗力矩的增量,出现扭转角不断增大的发散现象。

(20)气动失稳(aerodynamic instability)

振动的桥梁或构件由于气流的反馈作用不断吸取能量,其振动振幅逐步或突然增大的发散性自激振动失稳现象,主要表现为颤振和驰振两种形式。

(21)颤振(flutter)

振动的桥梁或构件通过气流的反馈作用不断吸取能量,扭转振幅逐步或突然增大的发散性自激振动失稳现象。

(22)驰振(galloping)

振动的桥梁或构件通过气流的反馈作用不断吸取能量,横风向弯曲振幅逐步增大的发散性自激振动失稳现象。

(23)尾流驰振(wake galloping)

一定距离内的并列结构或构件在上游结构或构件的尾流诱发下,下游结构或构件产生的一种驰振现象。

(24)涡激共振(vortex resonance)

风经过结构时产生漩涡脱落,当漩涡脱落频率与结构或构件的自振频率接近或相等时,由涡激力所激发出的结构或构件的一种共振现象。

(25)抖振(buffeting)

在风的脉动力、上游构造物尾流的脉动力或风绕流结构的紊流脉动力的作用下,结构或构件发生的一种随机振动现象。

(26)抖振惯性荷载(buffeting inertial load)

结构抖振引起的惯性作用力。

(27)风雨激振(wind-rain induced vibration)

拉索或吊索在风和雨共同作用下发生的一种驰振现象。

(28)参数共振(parameter oscillation)

桥面或桥塔在斜拉索弦长方向的小幅振动引起的一种斜拉索横向振动放大现象。

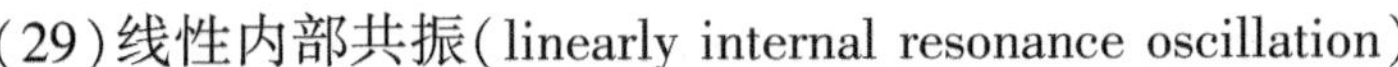

(29)线性内部共振(linearly internal resonance oscillation)

桥面或桥塔在垂直于斜拉索弦长方向的小幅振动引起的一种斜拉索横向振动放大现象。

(30)静风失稳临界风速(critical wind speed of aerostatic instability)

结构发生静风横向失稳和静风扭转发散的最低风速,相应的临界风速也称为静风横向失稳临界风速和静风扭转发散临界风速。

(31)颤振临界风速(flutter critical wind speed)

结构或构件发生颤振的最低风速。

(32)驰振临界风速(galloping critical wind speed)

结构或构件发生驰振的最低风速。

(33)涡激共振起振风速(vortex resonance onset wind speed)

结构或构件发生涡激共振的最低风速。

(34)风洞(wind tunnel)

以人工的方式产生并且控制有一定流动特性的气流,用来模拟试验对象周围气体的流动情况,并根据相似性原理进行各种空气动力学试验的一种管道状试验设备。

(35)虚拟风洞(virtual wind tunnel)

基于计算流体动力学的基本原理,通过计算机模拟生成均匀流或紊流风场,并对风场中的结构或构件的绕流、气动力、气弹现象等进行模拟及计算分析的仿真技术。

(36)风洞试验(wind tunnel testing)

在风洞中,研究气体流动及其与结构和构件的相互作用,以获取风环境参数、结构气动力,验证抗风性能的试验。

(37)虚拟风洞试验(virtual wind tunnel testing)

在虚拟风洞中,研究气体流动及其与结构和构件的相互作用,以获取风环境参数、结构气动力,验证抗风性能的试验。

(38)节段模型试验(section model testing)

将结构或构件的代表性节段加工成或模拟成网性模型,所进行的获取结构风致响应、检验抗风性能的试验。

(39)静气动力试验(acrostatic force testing)

获取结构或构件静气动力的试验。

(40)节段模型振动试验(section model vibration testing)

利用节段模型测试结构或构件振动响应的试验。

(41)桥塔模型试验(oridge pylon model testing)

利用桥塔模型测试桥塔静气动力或振动响应的试验。

(42)全桥气动弹性模型试验(fall bridge aeroelastic model testing)

将桥梁结构按一定相似条件加工成或模拟成三维弹性模型,利用该模型进行的获取结构风致响应以及检验抗风性能的试验。

(43)桥址风环境地形模拟试验(bridge site topographic wind environment testing)

考虑桥址所在地及其周边一定范围内的地形、建筑物等影响,获取桥址风参数及其分布的试验。

(44)桥面行车风环境试验(bridge deck wind environment testing)

考虑桥塔、桥头建筑、拱肋及桁架等对行车的影响所进行的获取桥面行车高度范围的风速剖面及绕流特征的试验。

(45)风致振动控制(wind induced vibration control)

提高或改善结构或构件抗风性能的技术,包括增设气动措施、附加阻尼措施、增加结构措施等。

(46)风障(wind screen)

安装在主梁上降低桥面侧向风速影响以提高桥面行车安全性和舒适性的一种结构,一般由立柱、障条、锚固与减振等组成。

(47)风障挡风率(solid ratio of wind screen)

风障正立面实体部分面积与风障外轮廓总面积的比值。

第 3 章　索杆抗风研究方法

3.1 概　　述

在索杆的抗风研究中，常用到的研究方法有理论分析、现场实测、风洞试验和数值模拟四种。

理论分析以结构随机振动理论为基础，根据索杆的运动方程，对其运动进行求解，用于结构顺风向的随机振动分析、横风向亚临界雷诺数范围的随机振动分析和跨临界雷诺数范围的确定性共振响应分析。但是由于风荷载的复杂性以及流固耦合引起的非线性使得运动方程的求解难度极大，仅几种非常简单的情况才有准确的解析解。

现场实测是指通过在风场中和实际索杆上安装传感器等方式，实时测量风场或索杆在风荷载作用下的响应，具有数据真实、准确、可信度高等优点，但由于自然风场成分复杂，难以准确把控，大风发生的概率较小，因此试验结果存在随机性和滞后性，无法针对某些参数进行系统研究。

风洞试验是指在风洞中安装索杆模型，人工模拟自然风，通过各种传感器和测试设备测量结构的风致响应，依据相似理论可使试验所得数据反推回实际结构，具有参数可控、重复性好等优点。但容易受到场地大小、风速范围等试验条件的限制。

数值模拟是利用计算机，依据流体计算理论，对索杆与风的相互作用过程进行建模和计算分析，对于参数研究以及方案比选具有很大的灵活性，但也存在湍流模型不完善和雷诺数效应等问题。

3.2 现场实测

现场实测（全尺度实测）是索杆抗风研究最真实、最直接的研究手段，利用风速仪、加速度计等仪器在现场对实际风环境及结构风响应进行测量,可获得风特性和结构响应的第一手资料。实测所得到的数据也常用来验证其他研究手段的准确性。

3.2.1 风环境监测

风环境监测包括风场监测和降雨监测。在风场监测中,一般采用风速仪对风速进行测试。目前使用的风速仪主要有如下三类:

第一类是机械式风速仪[图3-1a)]。这类风速仪由风杯和风向箭头组成,风杯用来测风速,风向箭头用来测风向。风杯由3个半球形的空杯组成,安装在呈120°角的支撑杆上,支撑杆固定在一个支架上。风杯通过轴承与支撑架连接,随着轴承的老化和灰尘的黏附,轴承间的摩擦力会变大,灵敏度和精准度会降低。轴承的机械特性决定了机械旋转式风杯风速计使用寿命比较短,一般每隔一年就需要校准和维护。

第二类是超声波风速仪[图3-1b)]。超声波在大气中的传播速度会受到风速的影响,根据这个原理可测量出不同角度的超声波返回值的差值,通过计算可得到风速的大小。

第三类是热线风速仪[图3-1c)]。根据风场对金属片的局部散热作用,判断不同部位金属片的温度大小,进而可以得知风的大小。散热式风速传感器在测量时要求散热体的方向要和气流的方向垂直,遇到下雨天或冰冻时无法正常工作,且不易适应外界温度的激烈变化。

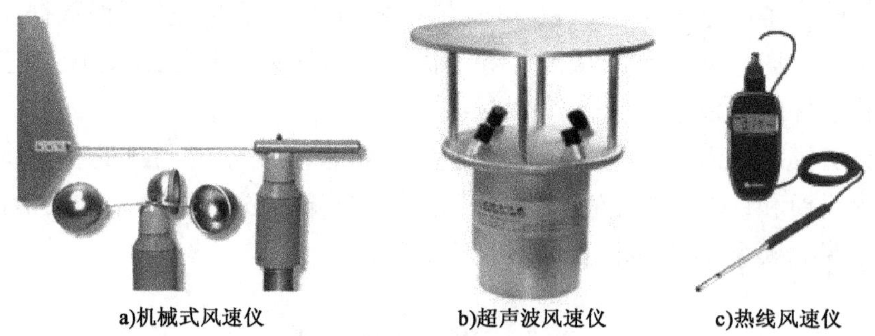

a)机械式风速仪　　b)超声波风速仪　　c)热线风速仪

图3-1　各类风速仪

对于风场风向的监测,一种是采用机械式风向标,它由首尾不对称的平衡装置构成,一般由尾翼、指向标、平衡锤和旋转轴组成,尾翼感受风力致使其产生力矩从而发生旋转。由于机械式风向标在工作时要克服机械摩擦,会有一定的启动风速,这就导致了在测量很小风速时会出现测不准的情况,无法判断风向,这样会增大风向的测量误差,图 3-1a)的机械式风速仪中风向的测量使用的就是机械式风向标。

在斜拉索风雨振监测中,常常还需要用到降雨量的监测设备,常见的雨量计有虹吸式、翻斗式、称重式、超声波式几种。

虹吸式雨量计[图 3-2a)]能连续记录降水量和降水时数,从降水记录上还可以了解降水强度,由承水器、浮子室、自记钟和外壳所组成。雨水由最上端的承水口进入承水器,经下部的漏斗汇集,导至浮子室。浮子室由一个圆筒内装浮子组成,浮子随着注入雨水的增加而上升,并带动自记笔上升。自记钟固定在座板上,转筒由钟机推动作用做回转运动,使记录笔在围绕在转筒上的记录纸上画出曲线。记录纸上纵坐标记录雨量,横坐标由自记钟驱动,表示时间。当雨量达到一定高度(比如 10mm)时,浮子室内水面上升到与浮子室连通的虹吸管处,导致虹吸开始,迅速将浮子室内的雨水排入储水瓶,同时自记笔在记录纸上垂直下跌至零线位置,并再次开始雨水的流入而上升,如此往返持续记录降雨过程。

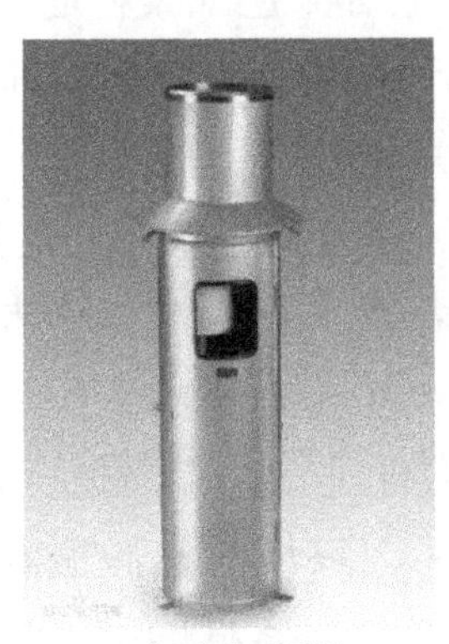
a)虹吸式雨量计

b)翻斗式雨量计

图 3-2　雨量计

翻斗式雨量计[图 3-2b)]是由感应器及信号记录器组成的遥测雨量仪器,感应器由承水器、上翻斗、计量翻斗、计数翻斗等构成;记录器由计数器、录笔、自记钟、控制线路板等构成。其工作原理为:雨水由最上端的承水口进入承水器，落入接水漏斗，经漏斗口流入翻斗，当积水量达到一定高度（比如0.1mm）时，翻斗失去平衡翻倒。而每一次翻斗倾倒，都使开关接通电路，向记录器输送一个脉冲信号，记录器控制自记笔将雨量记录下来，如此往复即可将降雨过程测量下来。

称重式雨量计可以连续记录接雨杯上的以及存储在其内的降水的重量。记录方式可以用机械发条装置或平衡锤系统，将全部降水量的重量如数记录下来，并能够记录雪、冰雹及雨雪混合降水。

超声波式雨量计是一种基于超声测距原理的高精度雨量计，具有数据稳定、精度高的优点，精度可达0.1mm，是气象、水情测报系统实现雨量自动遥测的理想设备。

3.2.2 索杆响应测试

索杆响应的测试包括索力测试、表面损伤测试和振动测试。结构振动通常使用加速度传感器进行识别和监测。索力测试常用的方法有如下几种：

(1)振动频率法测试索力

由于索杆的振动频率与索杆的索力之间存在一定的关系，这一关系由索杆动力平衡微分方程和索杆两端的支承条件给出，如果已知索杆的长度和每延米索杆的质量，只要测出索杆的振动频率，便可求出索杆的索力，根据测定索杆振动频率的不同方法，频率法可分为共振法和随机振动法。

共振法测量索杆振动频率时，需要人工激振，使索杆做单一的基频振动，然后用频率计测出索杆的基频。该方法测量结果的准确性与操作者的经验有关。

随机振动法测量索杆振动频率时，不用对索杆进行人工激振，而是利用风、桥面振动等环境随机激振源对索杆的激振。在环境随机激振源的激励下，索杆的振动也是一种随机振动，利用频谱分析仪对索杆的随机信号进行频谱分析，可以得到前几阶的振动频率。

(2)千斤顶法测试索力

当前索杆均使用千斤顶张拉，通过精密压力表或液压传感器测定油缸的液压，就可求得索力，这种方法简单易行，是施工中控制索力最实用的方法。

千斤顶的液压可用液压传感器来测定,液压传感器输出电信号,显示仪表在接收到信号后即显示压强或换算后直接显示张拉力。由于电信号可通过导线传输,能进行遥测,使用比较方便。由于液压换算索力的方法简单易行,可直接借助施工中已有的千斤顶,故为施工控制中索力测量最实用的方法之一。但是其缺点在于不能用于已经张拉好的索力测试,千斤顶摩阻力也会产生张拉误差。

(3)磁通量法测试索力

磁通量法通过索中的电磁传感器测定索中磁通量的变化,由此来测定索力与温度。

(4)压力传感器法测试索力

张拉时,千斤顶张拉力通过连接杆传到索杆锚具上,在连接杆上套一穿心式压力传感器,即可得到千斤顶张拉力。

关于索杆表面损伤的检测和监测,常用到的方法有如下几种:

(1)人工检测法

长期以来,人们对于大跨径桥的索体的检测主要采取人工检测,主要是检查索体是否遭受腐蚀,各紧固件是否松动,定期对索体各部件涂刷防护漆,对已锈蚀的及时除锈,清查索腐蚀的钢丝数量,判断其腐蚀程度。

(2)磁漏检测法

无损检测常用于构件锈蚀、裂纹等缺陷的检测,而磁漏法是无损检测的主要手段,它通过测量被磁化的索杆表面泄露的磁场强度来判定缺陷的大小。一旦索杆的表面有损伤或断丝,一部分磁场将从索杆中泄漏出来,这一外泄的磁场可被传感器检测到。当索杆遇到里面或内部缺陷产生的材料间断时,磁力线将会发生聚集畸变,从而引起磁漏或磁场变化。

(3)放射线检测法

采用放射线法可以探测索体的多种损伤,射线主要包括 X 射线和 γ 射线。X 射线的检测原理是:当射线通过被检测物体时,有缺陷部位与无缺陷部位对射线吸收能力不同,可以通过检测透过被检物体后的射线强度的差异,来判断被检物体中是否存在缺陷。

(4)声发射监测

声发射监测是一种“被动”型监测,其基本原理是:当固体材料内部缺陷发生或扩展时,会以弹性波的形式释放能量,并向四周传播,缺陷便成为声发射源。索体中拉应力的缆索钢丝出现裂纹、腐蚀或断丝时,会产生特定的应力波,这种应力波可以被声发射监测系统捕捉到,并用于分析其表征的物理过程。

(5)索力监测法

索杆出现损伤将会导致自身以及其他索杆的索力出现变化,因此可通过对索力进行测量,从而实现对索杆的健康监测。

3.3 风洞试验

3.3.1 相似理论

风洞测试区尺寸限制了试验模型的大小,所以风洞试验的模型一般都是进行缩尺的。如何制定模型缩尺比例,以及如何把模型试验的结果与原型对应起来,就涉及相似性问题。如果两种流动状态的方程组的无量纲形式一样,方程组的初始条件、边界条件一致,而且得到无量纲形式的解也相同,那么就说它们是相似的。流动相似包括以下四个方面:

(1)几何相似

几何相似是指模型的几何外形与原型是相似的,也就是说模型与原型中所有相应的线性变量有一个固定的比例关系。严格来说,模型与原型的表面情况也是相似的,如表面粗糙度等。

(2)运动相似

运动相似是指模型各个点的速度场(如速度、加速度)与原型的对应点是相似的,它们的大小成比例,方向相同。

(3)动力相似

动力相似是指模型上各个点上所受到力的大小与原型对应点上所受到的力的大小是相似的,并且所受力的方向是一致的。

(4)边界条件和初始条件相似

流动相似的必要条件就是边界条件与初始条件相似,如果两种流动状态是相似的,出现在方程组和条件中的所有无量纲参数也必然相等,称之为相似准则。以描述黏性流体运动的 Navier-Stockes 方程(简称 N-S 方程)为例,黏性流体运动的 N-S 方程如下:

$$\rho\frac{\partial\vec{V}}{\partial t}+\rho V\cdot\nabla V=\rho\vec{f}-\nabla p+\mu\nabla^2V \tag{3-1}$$

$$\vec{V}=(u,v,w) \tag{3-2}$$

$$\vec{f}=(f_x,f_y,f_z) \tag{3-3}$$

式中: ρ——空气密度;

t——时间;

μ——运动黏性系数;

∇(或 Δ)——Hamilton 算子;

∇^2(或 Δ^2)——Laplace 算子;

p——大气压强;

u、v、w——三维状态下的速度分量;

f_x、f_y、f_z——三维状态下对应的单位体积质量力。

如果流动是一维的,N-S 方程可简化为:

$$\rho\frac{\partial u}{\partial t}+\rho u\frac{\partial u}{\partial x}=\rho f_x-\frac{\partial p}{\partial x}+\mu\frac{\partial^2u}{\partial x^2} \tag{3-4}$$

引入特征长度 L_0、特征频率 n_0、特征风速 U_0、空气标准密度 ρ_0 和标准黏性系数 μ_0、特征压强 p_0 以及标准重力加速度 g_0 的概念,得到一组无量纲参数 $x^*=x/L_0$、$t^*=n_0t$、$u^*=u/U_0$、$\rho^*=\rho/\rho_0$、$\mu^*=\mu/\mu_0$、$p^*=p/p_0$、$f_x^*=f_x/g_0$,代入这些无量纲参数可将式(3-4)无量纲化为:

$$\frac{n_0L_0}{U_0}\rho^*\frac{\partial u^*}{\partial t^*}+\rho^*u^*\frac{\partial u^*}{\partial x^*}=\frac{g_0L_0}{U_0{}^2}\rho^*f_x{}^*-\frac{p_0}{\rho_0U_0{}^2}\frac{\partial p^*}{\partial x^*}+\frac{\mu_0}{\rho_0U_0L_0}\mu^*\frac{\partial^2u^*}{\partial x^{*2}} \tag{3-5}$$

式中,n_0L_0/U_0、g_0L_0/U_0^2、$p_0/(\rho_0U_0^2)$、$\mu_0/(\rho_0U_0L_0)$ 四个无量纲参数就是风洞试验中对应的斯托罗哈数 St、弗劳德数 Fr、牛顿数 Ne、雷诺数 Re 的相似准则,分别表征了非定常运动的惯性力与来流惯性力之比、流动的惯性力与结构重力之比、作用在物体上的气动力与流动的惯性力之比、流动的惯性力与黏性力之比的相似准则。

3.3.2 相似参数

在风洞试验中,需要找到一些对于原型和试验模型都适用的相似准则。相似参数是根据上述几个相似条件推导出来的。按照相似参数的要求,就可以把模型试验结果应用到实际结构中。下面是风洞试验中比较常见的几个相似参数,它们都是无量纲参数。

(1)Scruton 数

Scruton 数是用于描述系统阻尼的无量纲参数,Scruton 数越大,索杆越不容易发生振动。Scruton 数见式(3-6)。

$$S_C = \frac{4\pi m\zeta}{\rho D^2} \tag{3-6}$$

式中:m——单位长度斜拉索的质量(kg/m);

ζ——结构体系的阻尼比,无量纲参数;

ρ——空气密度(kg/m^3);

D——斜拉索直径(m)。

(2)斯托罗哈数

斯托罗哈数是非定常流动中惯性力与来流惯性力两者之间的比值。在方形、三角形、矩形断面等钝体上也会发生类似于圆柱体的旋涡脱落现象。这种现象最早是由 Strouhal 提出的,用式(3-7)来描述。

$$S_t = \frac{N_S D}{U} \tag{3-7}$$

式中:U——来流平均风速(m/s);

N_S——旋涡脱落的频率(Hz)。

在亚临界雷诺数区,圆柱的斯托罗哈数大约为 0.2。不同形状断面的斯托拉哈数一般不同,可以通过风洞试验来测得。

(3)雷诺数

雷诺数又称黏性参数,它是流体流动中惯性力与黏性力两者之间的比值,可通过式(3-8)计算。

$$Re = \frac{\rho UD}{\mu} = \frac{UD}{\nu} \tag{3-8}$$

式中：μ 和 ν——分别表示来流的动力黏性系数和运动黏性系数。

(4)欧拉数

欧拉数表示的是流体的压力与惯性力两者之间的比值，欧拉数就是通常所说的风压系数。如果在试验中模拟的流场与物体原型相似，那么模型的风压系数就和原型相应点上的风压系数是相同的。

(5)牛顿数

牛顿数表示的是流体流经物体时，物体上气动力和流动惯性力两者之间的比值。如果模型与原型的牛顿数相似，那么模型的试验结果就能直接对应于物体原型。

(6)弗劳德数

弗劳德数也就是重力相似参数，它表示的是流体流动时的惯性力与重力两者之间的比值。例如大跨度悬索结构，它们的刚度受重力影响比较大，在风洞试验中，必须考虑模型与原型的弗劳德数相似准则。

(7)柯西数

柯西数又称弹性参数，它表示结构的弹性力与流动的惯性力两者之间的比值。

上述这些相似参数在风洞试验结果与原型之间的换算起着很重要的作用，根据相似条件还可以得到很多无量纲参数，必须完全模拟这些无量纲参数。但是实际上，完全满足这些参数是不太可能的，有些参数之间是不相容的，比如雷诺数和弗劳德数是不能被同时满足的，它们之间互相矛盾，满足了雷诺数就不能满足弗劳德数。因此，风洞试验中，应该选取对所研究问题起至关重要的参数，放弃一些对研究问题作用小或者不好模拟的相似参数，这就是部分模拟。

《公路桥梁抗风设计规范》(JTG/T 3360-01—2018)中规定，风洞试验需要满足五种无量纲参数的相似准则，见表3-1。其中，ρ 为空气密度，μ 为空气运动黏性系数，U 为来流风速，E 为结构的弹性模量，ρ_s 为结构的密度，B 为结构的特征尺寸，g 为重力加速度，δ 为对数衰减率。

五种无量纲参数　　表 3-1

无量纲参数	表达式	力学意义
弹性参数（Cauchy 数）	$\frac{E}{\rho U^2}$	$\frac{\text{结构物理性力}}{\text{气动惯性力}}$
惯性参数（密度比）	$\frac{\rho_s}{\rho}$	$\frac{\text{结构物理性力}}{\text{气动惯性力}}$
重力参数（Froude 数）	$\frac{gB}{U^2}$	$\frac{\text{结构物重力}}{\text{气动惯性力}}$
黏性参数（Reynold 数）	$\frac{\rho UB}{\mu}$	$\frac{\text{气动弹性力}}{\text{空气黏性力}}$
阻尼参数（对数衰减率）	δ	$\frac{\text{一个周期的耗散能量}}{\text{振动总能量}}$

3.3.3 风洞介绍

风洞是通过人工的方式产生并且控制气流，用来模拟飞行器、建筑、构件等实体周围气体的流动情况，根据运动的相对性和相似性原理，测量气流对实体的作用效果以及观察物理现象的一种管状试验设备，它是进行空气动力试验最常用、最有效的工具之一。

风洞种类繁多，有不同的分类方法。按试验段气流速度大小来区分，可以分为低速、高速（包括亚声速风洞、跨声速风洞和超声速风洞等）和高超声速风洞（常规高超声速风洞、低密度风洞、激波风洞、热冲风洞等）。另外为了满足各种特殊试验的需要，还设有冰风洞、尾旋风洞等各种专用风洞，研究索杆结构常用的风洞为边界层风洞，属于常规低速风洞，其基本结构形式有回流式和直流式两种。

（1）回流式风洞

通过风扇系统的驱动，使气流连续地在风洞回路内流动（图 3-3）。回流式风洞具有流畅品质、不受外界干扰、耗能低、噪声低等优点，但造价相对较高。

（2）直流式风洞

通过风扇带动气流从进气口流入，通过蜂窝器和阻尼网使气流变得均匀稳定，然后通过收缩段将气流速度提高，进入试验段，之后经扩散段到达出口排到大气中（图 3-4）。直流式风洞具有造价较低、清洁方便等优点，但噪声和能耗大，气流品质易受外界影响。

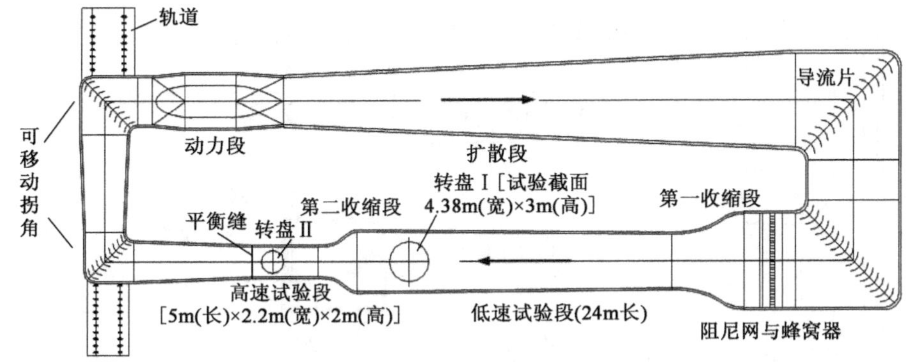

图 3-3 双试验段回流式低速风洞平面图

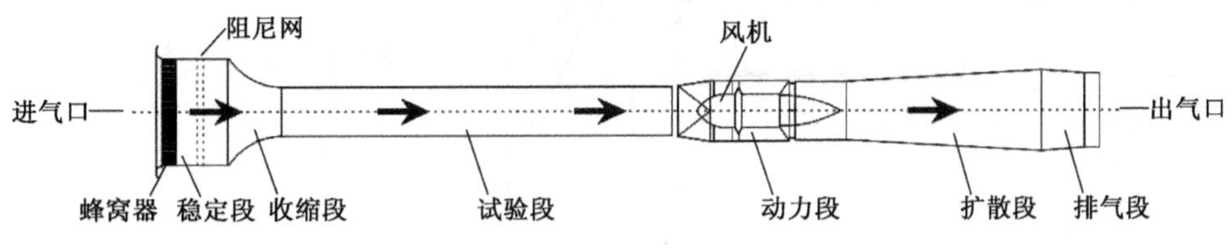

图 3-4 典型直流式低速风洞平面图

3.3.4 试验方法

(1)表面测压试验

表面测压试验是通过测压计或电子压力扫描阀等设备测试作用于模型表面上的风压压强，然后通过积分算出作用在模型上的气动力的方法。为了测试表面压力，需要在模型表面布置测压孔，通过测压管将模型表面的风压传导给压力传感器系统。接着经过 A/D 板使模拟信号转换为数字信号，最后通过 PC 机和程序进行信号采集和数据处理，如图 3-5 ~ 图 3-7 所示。

(2)测力试验

端部测力试验是通过测量设备（如六分量高频测力天平，如图 3-8 所示）直接测得模型上的气动力，索杆结构的测力试验常采用此种方法。为了保证此种方法测量的准确性，要求测力天平有较高的频率且模型尽量采用轻质材料，使得由天平和模型构成的振动体系的固有频率在测量频率的范围之外。

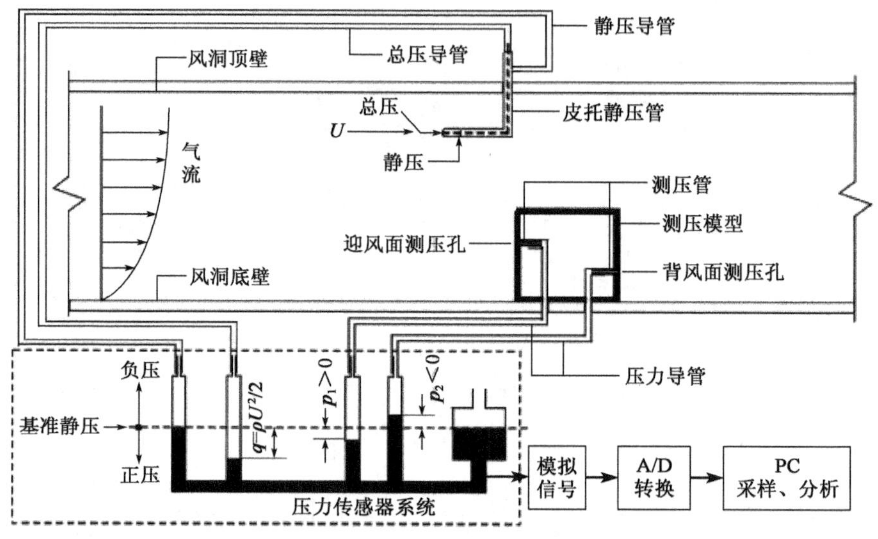

图 3-5　风压测量简图

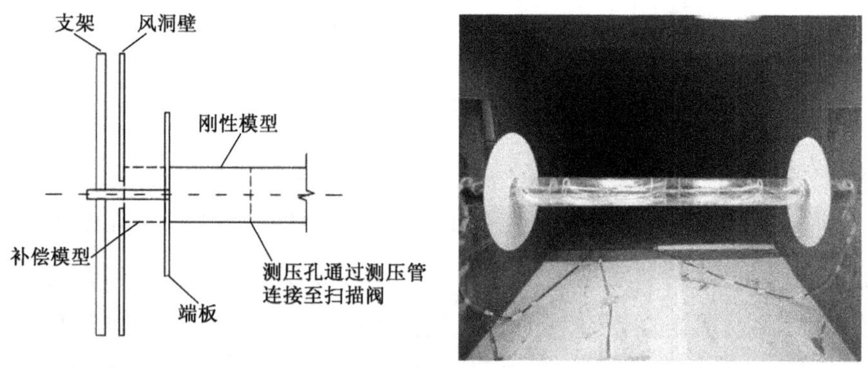

图 3-6　测压试验模型示意图和照片

试验模型应质量轻、刚度高，由于索杆直径有限，因此常采用足尺模型。模型通过测力天平与支架相连，当来流对模型施加气动力时，天平中力的传感器将信号传输到 PC 端，如图 3-9 所示。

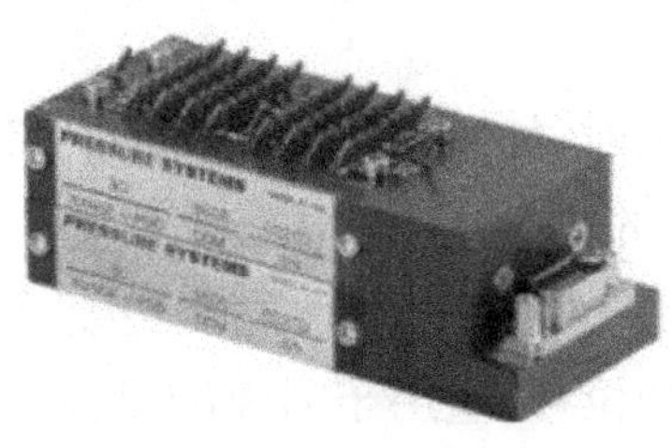

图 3-7　微型 ESP 压力扫描阀和数据采集系统

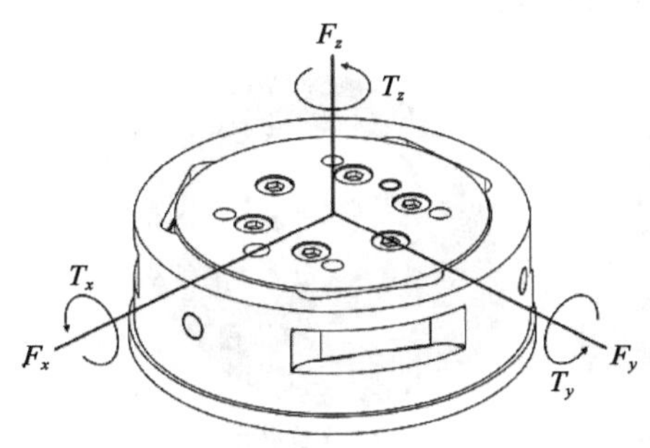

图 3-8　六分量天平示意图和实物图

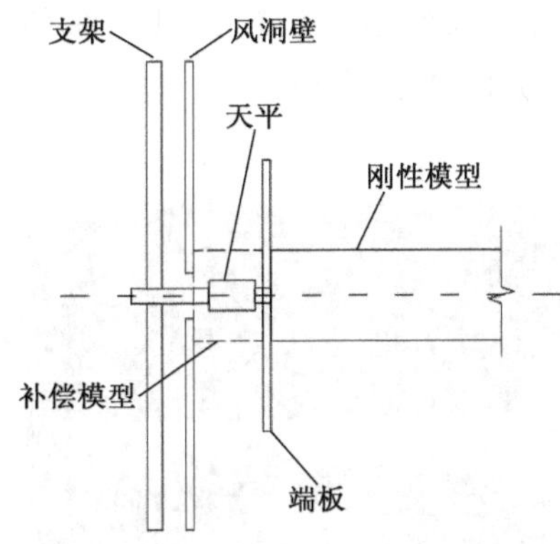

图 3-9　测力试验示意图和照片

(3)测振试验

①普通测振试验

将结构或构件制作成模型，两端采用弹性支承，在风洞内重现其在来流作用下的振动响应，通过记录模型的位移时程或加速度时程来分析振动特性,即为普通测振试验。振动试验所采用的模型,在外形相似的基础上还必须满足振动特性的相似关系。

振动试验常用的测量设备包括力传感器、加速度传感器、激光位移计等,如图 3-10 所示。力传感器主要测量弹簧的弹性力,再根据弹簧刚度等条件计算构件位移,适用于测量构件整体振动特性;加速度传感器主要通过测量某点的加速度的时程来计算构件某点处的位移,适用于需要测量任意位置振动特性的复杂结构或构件;激光位移计可直接测得激光所处位置的振幅,适用于测量结构或构件外表面点位的振动特性。

图 3-10　测振试验相关设备

索杆结构的测振试验装置包括弹性支撑系统、阻尼器、保证二维流动的端板、振动响应监测装置以及支撑部件等,如图 3-11 所示。

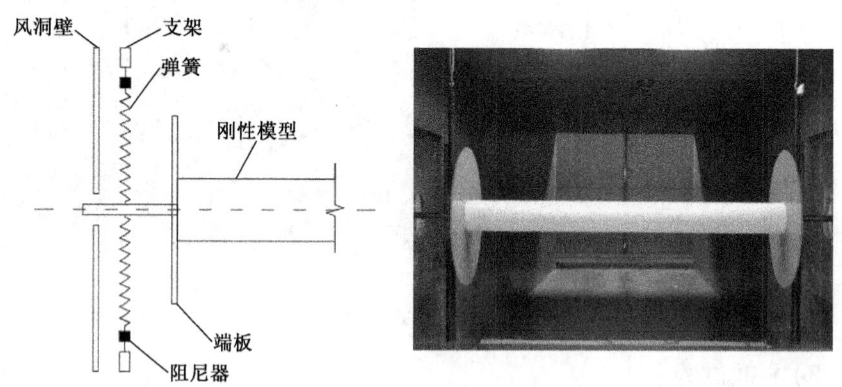

图 3-11　测振试验示意图和照片

②风雨激振试验

斜拉索风雨激振的风洞试验(图 3-12)根据降雨可以分为两大类:一是

直接模拟自然降雨状态的人工降雨试验，二是直接模拟降雨在索杆表面形成水线的人工水线试验。

图3-12　斜拉索风雨激振试验

在风洞内利用降雨模拟装置产生降雨，提供与实际斜拉索发生风雨激振相似的风雨条件，通过可旋转的支撑系统调整模型的空间角度，可研究降雨、风、模型空间角度和模型振动参数对振动的影响，以及包括气动措施在内的抑振措施的效果。

通过在模型表面特定位置粘贴一条凸起物来模拟特定条件下降雨在斜拉索表面形成的水线，是代替降雨的另一种试验方式。粘贴人工水线的模型可以用于表面测压、端部测力和测振等。

3.4　数值计算

计算流体动力学（Computational Fluid Dynamics，简称CFD）是近代流体力学、计算数学和计算机科学结合的产物。CFD数值模拟方法是通过计算机进行数值计算，应用各种离散化的数学方法，对流体流动时的各种物理现象进行数值试验、计算机模拟和分析研究，以解决各种实际问题。

CFD数值模拟方法的基本特征是数值模拟和计算机试验，它从基本物理定理出发，在很大程度上替代了耗资巨大的流体动力学试验设备，在科学研究和工程技术中产生了巨大的影响。

3.4.1 求解过程

CFD 数值模拟方法求解流体力学问题的过程一般分为以下几个步骤：

(1)建立控制方程

求解任何流体力学问题前都必须首先建立控制方程。对于一般的流体流动问题,可直接写出其控制方程;假定没有热交换发生,则可直接将连续方程与动量方程作为控制方程使用。一般情况下,需要增加湍流方程。

(2)确定边界条件和初始条件

初始条件与边界条件是以上流体流动的控制方程有确定解的前提,控制方程与相应的初始条件、边界条件的组合构成对一个物理过程完整的数学描述。

初始条件是所研究对象在过程开始时刻各个求解变量的空间分布情况。对于瞬态问题,必须给定初始条件;对于稳态问题,不需要初始条件。

边界条件是在求解区域的边界上所求解的变量或其导数随地点和时间的变化规律。对于任何问题,都需要给定边界条件。

(3)划分计算网格

采用数值方法求解控制方程时,要想办法将控制方程在空间区域上进行离散,然后求解得到离散方程组。要想在空间域上离散控制方程,必须使用网格。现已发展出多种对各种区域进行离散以生成网格的方法,这些方法统称为网格生成技术。

目前计算网格分为结构网格(Structuralmesh)和非结构网格(Unstructuralmesh)两大类。简单地讲,结构网格在空间上比较规范,如对一个四边形区域,结构网格往往是成行成列分布的,行线和列线比较明显;而非结构网格在空间分布上没有明显的行线和列线。

(4)建立离散方程

对于在求解计算域内所建立的偏微分方程,理论上是有真解(或称精确解或解析解)的。但由于所处理问题自身的复杂性,一般很难获得方程的真解。因此需要通过数值方法把计算域内有限数量位置(网格节点或网格中心点)上的因变量值当作基本未知量来处理,从而建立一组关于这些未知量的代数方程组,然后通过求解代数方程组来得到这些节点值,而计算域内其他位置上的值则根据节点位置上的值来确定。

常用的离散化方法有:有限差分法、有限元法和有限元体积法。对于瞬态问题,除了在空间域上的离散外,还涉及在时间域上的离散。离散后,将涉及使用何种时间积分方案的问题。

(5)给定求解控制参数

在离散空间上建立了离散化的代数方程组,并施加离散化的初始条件和边界条件后,还需要给定流体的物理参数和湍流模型的经验系数等。此外,还要给定迭代计算的控制精度、瞬态问题的时间步长和输出频率等。

(6)求解离散方程

进行上述设置后,即生成了具有定解条件的代数方程组。对于这些方程组,数学上已有相应的解法,如线性方程组可采用 Gauss 消去法或 Gauss-Seidel 迭代法求解;而对于非线性方程组,可采用 Newton-Raphson 方法。

(7)显示计算结果

通过上述求解过程得出了各计算节点上的解后,需要通过适当的手段将整个计算域上的结果表示出来,可采用矢量图、等值线图、流线图、云图等方式来表示计算结果。

3.4.2 控制方程

流体流动受物理守恒定律的支配,基本的守恒定律包括:质量守恒定律、动量守恒定律和能量守恒定律。控制方程就是这些守恒定律的数学描述,纳维-斯托克斯方程(Navier-Stokes equations),简称 N-S 方程,是描述黏性不可压缩流体动量守恒的运动方程。

(1)质量守恒方程

任何流动问题都必须满足质量守恒定律。该定律可表述为:单位时间内流体微元体中质量的增加等于同一时间间隔内流入该微元体的净质量。按照这一定律,可以得出质量守恒方程:

$$\frac{\partial \rho}{\partial t}+\frac{\partial}{\partial x_i}(\rho u_i)=0 \tag{3-9}$$

该方程是能量守恒方程的一般形式,又称为连续性方程,它适用于可压缩流体流动和不可压缩流体流动。

(2)动量守恒方程

动量守恒定律也是任何流动系统都必须满足的基本定律。该定律可表述为:微元体中流体的动量对时间的变化率等于外界作用在该微元体上的各种力之和。该定律实际上是牛顿第二定律。按照这一定律,可导出 x、y 和 z 三个方向的动量守恒方程。

$$\frac{\partial}{\partial t}(\rho u_i) + \frac{\partial}{\partial x_j}(\rho u_i u_j) = -\frac{\partial p}{\partial x_i} + \frac{\partial \tau_{ij}}{\partial x_j} + \rho g_i + F_i \tag{3-10}$$

式中:p——静压;

τ_{ij}——应力张量;

g_i 和 F_i——分别为 i 方向上的重力体积力和外部体积力。

应力张量如下式所示:

$$\tau_{ij} = \mu\left(\frac{\partial u_i}{\partial x_j} + \frac{\partial u_j}{\partial x_i}\right) - \frac{2}{3}\mu \frac{\partial u_l}{\partial x_l}\delta_{ij} \tag{3-11}$$

(3)能量守恒方程

能量守恒定律是包含有热交换的流动系统必须满足的基本定律。该定律可表述为:微元体中能量的增加率等于进入微元体的净热流量加上质量力与表面力对微元体所做的功。该定律实际是热力学第一定律。

流体的能量通常是内能 i、动能 K 和势能 P 三项之和,可以得到以温度 T 为变量的能量守恒方程:

$$\frac{\partial(\rho T)}{\partial t} + div(\rho u T) = div\left(\frac{k}{c_{\mathrm{p}}} gradT\right) + S_{\mathrm{T}} \tag{3-12}$$

式中:c_{p}——比热容;

T——温度;

k——流体的传热系数;

S_{T}——黏性耗散项。

3.4.3 湍流模型

描述流体运动的流体力学基本方程组是封闭的,而描述湍流运动的方程组由于采用了某种平均(时间平均或网格平均等)而不封闭,因此必须对方程组中出现的新未知量采用模型使其封闭,这就是 CFD 数值模拟方法中的湍流模型。

湍流模型的主要作用是将新未知量和平均速度梯度联系起来。目前，工程应用中常用的湍流的数值模拟主要分三大类：直接数值模拟（Direct Numerical Simulation，简称 DNS）、大涡模拟（Large Eddy Simulation，简称 LES）、雷诺平均方法（Reynolds Average Navier-Stokes，简称 RANS）。

（1）直接数值模拟（DNS）

直接数值模拟（DNS）方法是直接求解湍流运动的 N-S 方程，得到湍流的瞬时流场，即各种尺度的随机运动，可以获得湍流的全部信息。

随着现代计算机的发展和先进数值方法的研究，DNS 方法已经成为解决湍流的一种实际的方法，但由于需要的网格数量大、计算时间长，受计算条件的约束，目前只能限于一些低雷诺数和外形简单的流动，如平板边界层、完全发展的槽道流以及后台阶流动等。

（2）大涡模拟（LES）

大涡模拟（LES）方法是对湍流脉动部分的直接模拟，将 N-S 方程在一个小空间域内进行平均（或称之为滤波），从流场中去掉小尺度涡（简称小涡），导出大尺度涡（简称大涡）所满足的方程。小涡对大涡的影响会出现在大涡方程中，再通过建立模型（亚格子尺度模型）来模拟小涡的影响。

由于湍流的大涡结构强烈地依赖于流场的边界形状和边界条件，难以找出普遍的湍流模型来描述具有不同的边界特征的大涡结构，所以宜进行直接模拟。

相反地，由于小尺度涡对边界条件不存在直接依赖关系，而且一般具有各向同性性质。所以亚格子尺度模型具有更大的普适性，比较容易构造，这是它比雷诺平均方法要优越的地方。

LES 方法已经成为计算湍流的最强有力的工具之一，应用的方向也在逐步扩展，但是仍然受计算机条件等的限制，使之成为解决大量工程问题的成熟方法仍有较长的路要走。

（3）雷诺平均方法（RANS）

雷诺平均方法（RANS）。是求解时均化的 N-S 方程，将瞬态的脉动量通过引入湍流模型方程在时均化的方程中体现。Reynolds 平均法把湍流运动看作由两种流动叠加而成，其一为时间平均流动，其二为瞬时脉动流动。这

样,把脉动分离出来,单独处理计算。在 Reynolds 平均法中,场变量 φ 的时间平均值定义为:

$$\overline{\varphi} = \frac{1}{\Delta t}\int_{t}^{t+\Delta t}\varphi(t)\,\mathrm{d}t \tag{3-13}$$

场变量的瞬时值 φ、时均值 $\overline{\varphi}$ 及脉动值 φ'之间具有如下关系:

$$\varphi = \overline{\varphi} + \varphi' \tag{3-14}$$

采用平均值与脉动值之和代替流动变量的瞬时值,有:

$$\rho = \overline{\rho} + \rho', u = \overline{u} + u', v = \overline{v} + v', w = \overline{w} + w', p = \overline{p} + p' \tag{3-15}$$

将式(3-15)带入瞬时状态的下的连续方程及动量方程,忽略密度脉动的影响,只考虑平均密度的变化,可得到如下湍流时均流动的控制方程:

$$\frac{\partial\overline{\rho}}{\partial t} + div(\overline{\rho}\,\overline{\boldsymbol{u}}) = 0 \tag{3-16}$$

$$\frac{\partial(\overline{\rho}\,\overline{u})}{\partial t} + div(\overline{\rho}\,\overline{u}\,\overline{\boldsymbol{u}}) = -\frac{\partial\overline{p}}{\partial x} + div(\mu \cdot grad\overline{u}) + \left[-\frac{\partial(\overline{\rho}\,\overline{u'^2})}{\partial x} - \frac{\partial(\overline{\rho}\,\overline{u'v'})}{\partial y} - \frac{\partial(\overline{\rho}\,\overline{u'w'})}{\partial z}\right] + S_x \tag{3-17}$$

$$\frac{\partial(\overline{\rho}\,\overline{v})}{\partial t} + div(\overline{\rho}\,\overline{v}\,\overline{\boldsymbol{u}}) = -\frac{\partial\overline{p}}{\partial y} + div(\mu \cdot grad\,\overline{v}) + \left[-\frac{\partial(\overline{\rho}\,\overline{u'v'})}{\partial x} - \frac{\partial(\overline{\rho}\,\overline{v'^2})}{\partial y} - \frac{\partial(\overline{\rho}\,\overline{v'w'})}{\partial z}\right] + S_y \tag{3-18}$$

$$\frac{\partial(\overline{\rho}\,\overline{w})}{\partial t} + div(\overline{\rho}\,\overline{w}\,\overline{\boldsymbol{u}}) = -\frac{\partial\overline{p}}{\partial z} + div(\mu \cdot \overline{gradw}) + \left[-\frac{\partial(\overline{\rho}\,\overline{u'w'})}{\partial x} - \frac{\partial(\overline{\rho}\,\overline{v'w'})}{\partial y} - \frac{\partial(\overline{\rho}\,\overline{w'^2})}{\partial z}\right] + S_z \tag{3-19}$$

其他变量的运输方程为:

$$\frac{\partial(\overline{\rho}\,\overline{\varphi})}{\partial t} + div(\overline{\rho}\,\overline{\varphi}\,\overline{\boldsymbol{u}}) = div(\Gamma \cdot grad\,\overline{\varphi}) + \left[-\frac{\partial(\overline{\rho}\,\overline{u'\varphi'})}{\partial x} - \frac{\partial(\overline{\rho}\,\overline{v'\varphi'})}{\partial y} - \frac{\partial(\overline{\rho}\,\overline{w'\varphi'})}{\partial z}\right] + S \tag{3-20}$$

式(3-16)为时均形式的连续方程,式(3-17)~式(3-19)为时均形式的N-S方程,被称为 Reynolds 平均时均 N-S 方程(Reynolds-averaged Navier-Stokes,简称 RANS),式(3-20)为场变量 φ 的时均运输方程。

为了便于后续分析，先引入张量符号，式(3-16)～式(3-20)可写为(除脉动时均值外，下式中去掉了表示时均值的上划线符号“－”，比如用 φ 来表示 $\overline{\varphi}$)：

$$\frac{\partial\rho}{\partial t}+div(\rho\boldsymbol{u})=0 \tag{3-21}$$

$$\frac{\partial(\rho u_i)}{\partial t}+\frac{\partial}{\partial x_j}(\rho u_i u_j)=-\frac{\partial p}{\partial x_i}+\frac{\partial}{\partial x_j}\left[\mu\frac{\partial u_i}{\partial x_j}-\rho\overline{u'_i u'_j}\right]+S_i \tag{3-22}$$

$$\frac{\partial(\rho\varphi)}{\partial t}+\frac{\partial}{\partial x_j}(\rho u_j\varphi)=\frac{\partial}{\partial x_j}\left[\Gamma\frac{\partial\varphi}{\partial x_j}-\rho\overline{u'_j\varphi'}\right]+S \tag{3-23}$$

式中，$-\rho\overline{u'_i u'_j}$ 为 Reynolds 应力项，即：

$$\tau_{ij}=-\rho\overline{u'_i u'_j} \tag{3-24}$$

Reynolds 应力项是由脉动速度决定的脉动切应力，代表湍流的影响，这就需要引入湍流模型使时均方程得到封闭，将湍流的脉动值与时均值联系起来，反映湍流的运动规律。

3.4.4 离散方法

根据对控制方程的离散方式不同，CFD 数值模拟方法可以分为有限差分法(Finite Difference Method，简称 FDM)、有限元法(Finite Element Method，简称 FEM)和有限体积法(Finite Volume Method，简称 FVM)。对这三种方法分别介绍如下。

(1)有限差分法(FDM)

有限差分法是计算机数值模拟最早采用的方法，至今仍被广泛运用。该方法将计算域划分为差分网格，用有限个网格节点代替连续的计算域。

有限差分法以 Taylor 级数展开的方法，将控制方程中的导数用网格节点上函数值的差商代替，从而创建以网格节点上的值为未知数的差分方程组。

有限差分法直接将微分问题变为代数问题，从而可以用近似数值解法求解，数学概念直观，表达简单，是发展较早且比较成熟的数值方法。

从有限差分格式的精度来划分，有一阶格式、二阶格式和高阶格式；从差分的空间形式来考虑，可分为中心格式和逆风格式；考虑时间因子的影响，差分格式还可分为显格式、隐格式、显隐交替格式等。目前常见的差分格式主要是上述几种格式的组合,不同的组合构成不同的差分格式。

(2)有限元法(FEM)

有限元法的基础是变分原理和加权余量法,其基本求解思想是把计算域划分为有限个互不重叠的单元,在每个单元内,选择一些合适的节点作为求解函数的插值点,借助于变分原理或加权余量法,将微分方程离散求解。

采用不同的权函数和插值函数形式,便于构成不同的有限元方法。有限元法最早应用于结构力学,后来随着计算机的发展逐渐用于流体力学的数值模拟。

在有限元法中,把计算域离散剖分为有限个互不重叠且相互连接的单元,在每个单元内选择基函数,用单元基函数的线性组合来逼近单元中的真解,整个计算域上总体的基函数可以看作由每个单元基函数组成,而整个计算域内的解可以看作由所有单元上的近以解构成。

有限元方法的基本思路和解题步骤可归纳如下。

①建立积分方程。根据变分原理或方程余量与权函数正交化原理,建立与微分方程初边值问题等价的积分表达式,这是有限元法的出发点。

②区域单元剖分。根据求解区域的形状及实际问题的物理特点,将区域剖分为若干相互连接、不重叠的单元。

③确定单元基函数。根据单元中节点数目及对近似解精度的要求,选择满足一定插值条件的插值函数作为单元基函数。有限元方法中的基函数是在单元中选取的,由于各单元具有规则的几何形状,所以在选取基函数时可遵循一定的法则。

④单元分析。将各个单元中的求解函数用单元基函数的线性组合表达式进行逼近,再将近似函数代入积分方程,并对单元区域进行积分,可获得含有待定系数(即单元中各节点的参数值)的代数方程组(称为单元有限元方程)。

⑤总体合成。在得出单元有限元方程之后,将区城中所有单元有限元方程按一定法则进行累加,形成总体有限元方程。

⑥边界条件的处理。一般边界条件有三种形式,分别为本质边界条件、自然边界条件和混合边界条件。对于自然边界条件,一般在积分表达式中可自动得到满足。对于本质边界条件和混合边界条件,需按一定法则对总体有

限元方程进行修正。

⑦求解有限元方程。根据边界条件修正的总体有限元方程组,是含所有待定未知量的封闭方程组,采用适当的数值计算方法求解,可求得各节点的函数值。

(3)有限体积法(FVM)

有限体积法又称为控制体积法,其基本思路是将计算域划分为网格,并使每个网格点周围有一个互不重复的控制体积,将待解的微分方程对每一个控制体积积分,从而得出一组离散方程,适用于流体计算。

其中的未知数是网格点上的因变量的数值,为了求出控制体积的积分,必须假定值在网格点之间的变化规律。

从积分区域的选取方法看来,有限体积法属于加权剩余法中的子区域法;从未知解的近似方法看来,有限体积法属于采用局部近似的离散方法。简而言之,子区域法属于有限体积法的基本方法。

有限体积法的基本思路易于理解,并能得出直接的物理解释,离散方程的物理意义就是因变量在有限大小的控制体积中的守恒原理。某些离散方法,如有限差分法,仅当网格极其细密时,离散方程才满足积分守恒;而有限体积法即使在粗网格情况下,也可以显示出准确的积分守恒。就离散方法而言,有限体积法可以看作有限差分法和有限元法的中间产物。

有限体积法是一种分块近似的计算方法,因此其中比较重要的步骤是计算区域的离散和控制方程的离散。所谓区域的离散化,实际上就是用一组有限个离散的点来代替原来的连续空间。一般的实施过程是:把所计算的区域划分成许多个互不重叠的子区域,确定每个子区域中的节点位置及该节点所代表的控制体积。区域离散后,得到以下 4 种几何要素:

节点:需要求解的未知物理量的几何位置。

控制体积:应用控制方程或守恒定律的最小几何单位。

界面:定义了与各节点相对应的控制体积的界面位置。

网格线:连接相邻两节点面形成的曲线簇。

一般把节点看成是控制体积的代表。在离散过程中,将一个控制体积上的物理量定义并存储在该节点处。

3.4.5 前处理方法

(1)计算域外部边界的确定方法

在CFD数值模拟计算过程中,将计算过程中所涉及的空间区域称为计算域。针对索杆结构绕流计算,流动介质在物体外部,计算域为外流计算域(图3-13)。创建外流计算域一定要合理选择外部边界,通常外流场计算时,要求尽量减轻外部边界对流场的影响。

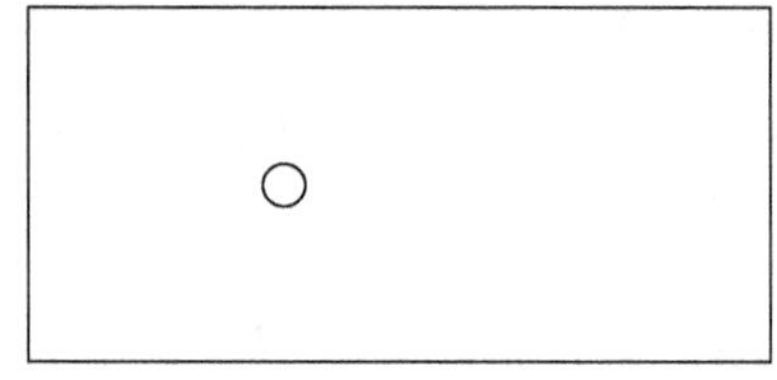

图3-13 外流计算域

计算域的外部边界一般是人为确定的,通过做无关性验证进行调整,初始模型可以取绕流物体外形特征尺寸的10倍量级,然后通过改变计算域的尺寸,对比计算数据来确定最合适的计算域外部边界。

(2)网格划分方法

按照数值计算的观点,网格大小为零时离散方程才能完全与控制方程吻合,理论上讲,计算精度与网格密度密切相关,网格加密可以提高计算精度。但是,网格密度的增加会增大计算开销,需要更多的CPU计算时间与计算内存。在实际进行CFD数值计算时,随着计算网格的加密,计算结果变化越来越小,即网格密度存在一个优化值。因此,在有限的计算资源条件下,在进行CFD数值计算过程中,通常需要计算多套疏密程度不同的网格系统,并比较不同网格系统下的计算结果,评价计算结果偏差,此过程即为网格无关性验证。网格无关性验证的一般流程如下:

①准备3套以上疏密程度不同的计算网格。

②采用相同的计算条件进行计算。

③比较计算结果,评价不同网格系统计算结果的差异性。

④当结果的差异随网格数量增加几乎不发生变化时,可取结果相近的最小数量的网格作为计算网格。

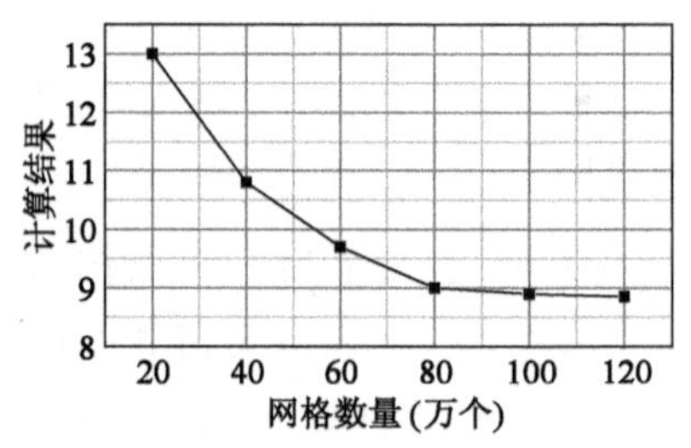

图3-14 网格无关性验证

如图3-14所示,可以看到当网格数量

超过 80 万个以后,计算结果变化较小,因此可以选取网格数量为 80 万个的网格系统作为计算网格。

(3)计算时间步长的设置方法

对于瞬态计算,其结果不仅依赖于计算网格,还依赖于时间步长。在进行瞬态计算过程中,时间步长设置不当可能会导致一系列问题,如时间步长设置过大导致计算步内难以收敛、计算发散以及时间分辨率过低;设置过小会增加迭代次数,增大计算开销。因此,合理的设置时间步长非常重要。

理论上,时间步长 Δt 必须小到可以解析与时间相关的特征,大致可以通过下式进行预估:

$$\Delta t = \frac{\Delta x}{v} \tag{3-25}$$

式中:Δx——局部网格尺寸;

v——特征流动速度。

在进行瞬态计算过程中,需要进行时间无关性验证,时间无关性验证与网格无关性验证方法类似。根据式(3-25)确定一个小的时间步长,逐渐增大时间步长,取不同的时间步长进行瞬态计算,分析其误差,最终确定用于计算的最大时间步长。

第 4 章　标准索杆的气动力特性

对于大跨度索杆承重桥来说,有两方面的因素使得桥梁的设计风速较高:一是桥梁自身的结构特点,为了通航或跨度的要求,主梁和索杆离水面或地面较高;二是所处的风环境特征。我国大部分大跨度桥梁建设在基本风速比较大的东南沿海大江大河的入海口或峡谷区域,而较大的设计风速使得桥梁的风荷载和风致振动经常成为结构设计的关键因素。

以苏通大桥为例,研究表明,在横桥向风的作用下,斜拉索产生的风荷载对于主梁位移和内力的影响占全桥风荷载的 60% ~70%。因此,准确掌握索杆上的风荷载,对于桥梁内力、稳定计算和振动检算等,具有重要意义。

4.1　计算理论

风速是一个空间矢量,取平均风速 U 的方向为主导方向,可以将风速分解为三个互相垂直的分量 $U(t)$、$V(t)$ 和 $W(t)$,各方向的脉动分量分别为 $u(t)$、$v(t)$ 和 $w(t)$。

$$\begin{cases} U(t) = U + u(t) \\ V(t) = v(t) \\ W(t) = w(t) \end{cases} \tag{4-1}$$

处在风中的索杆表面会产生风压,如果索杆是固定的,产生的风压取决于风的特性和索杆的几何形状;如果索杆可以自由振动,那么索杆的振动也会影响表面风压。

下面针对处于三种不同条件下的索杆,推导单位长度索杆的气动力:处于均匀流场中的固定索杆;处于湍流场中的固定索杆;处于湍流场中的运动索杆。通过分析这三种不同条件下的索杆气动力,有助于了解目前索杆风荷载计算方法背后的理论原理。

4.1.1　均匀流场中的固定索杆

作用于索杆上的风荷载用风轴坐标系(O,d,l)表示，其由体轴坐标系(O,x,y)逆时针旋转β角得到，如图4-1a)所示。

根据图4-1b)所示，在顺风向和横风向分别出现阻力$F_{Ds}(t)$和升力$F_{Ls}(t)$，以及作用于截面中心O的扭矩$M_s(t)$，分别由下式确定：

$$\begin{cases} F_{Ds}(t) = F_D + f_{Ds}(t) \\ F_{Ls}(t) = F_L + f_{Ls}(t) \\ M_s(t) = M + m_s(t) \end{cases} \tag{4-2}$$

式中：　F_D、F_L和M——分别表示平均阻力、平均升力和平均扭矩；

$f_{Ds}(t)$、$f_{Ls}(t)$和$m_s(t)$——分别表示脉动阻力、脉动升力和脉动扭矩。

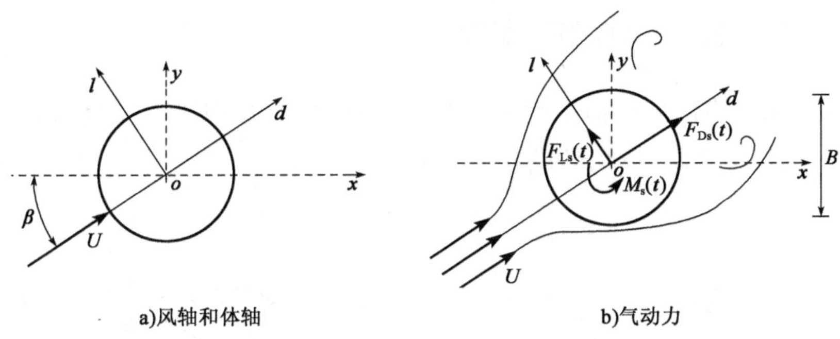

图4-1　处于均匀流场中的固定索杆

由于雷诺数改变时有可能引起结构周围流场的变化，进而导致气动力的变化，因此讨论平均风荷载和脉动风荷载时，需要说明其雷诺数的数值。

静力三分力F_D、F_L和M由下式算得：

$$\begin{cases} F_D = \dfrac{1}{2}\rho U^2 B C_D(\beta) \\ F_L = \dfrac{1}{2}\rho U^2 B C_L(\beta) \\ M = \dfrac{1}{2}\rho U^2 B^2 C_M(\beta) \end{cases} \tag{4-3}$$

式中：$C_D(\beta)$、$C_L(\beta)$和$C_M(\beta)$——分别为平均阻力、平均升力和平均扭矩系数。

静力三分力的脉动分量$f_{Ds}(t)$、$f_{Ls}(t)$和$m_s(t)$主要与旋涡脱落等因素有关，由下式确定：

$$\begin{cases} f_{Ds}(t) = \dfrac{1}{2}\rho U^2 Bc_{Ds}\sin(4\pi f_V t) \\ f_{Ls}(t) = \dfrac{1}{2}\rho U^2 Bc_{Ls}\sin(2\pi f_V t) \\ m_s(t) = \dfrac{1}{2}\rho U^2 B^2 c_{Ms}\sin(2\pi f_V t) \end{cases} \tag{4-4}$$

式中：c_{Ds}、c_{Ls}和c_{Ms}——无量纲尾流系数；

f_V——旋涡脱落频率，可由斯特罗哈数确定。

4.1.2 湍流流场中的固定索杆

湍流风场的特征包括主导方向和平均速度U，在顺风向和横风向分别具有脉动分量$u(t)$和$v(t)$，如图4-2所示。

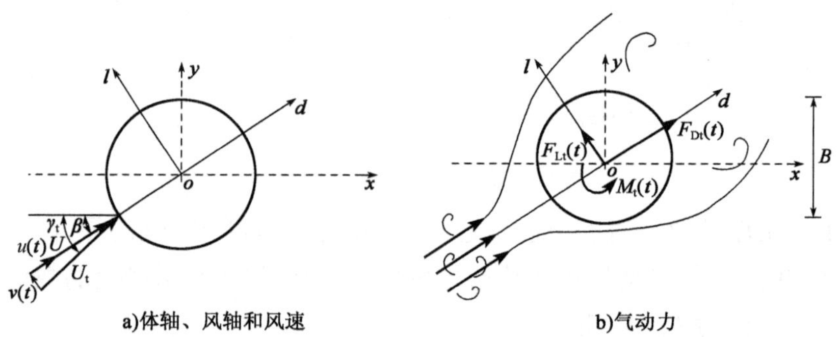

图4-2　处于湍流场中的固定索杆

处于湍流场中索杆的阻力、升力以及扭矩，即$F_{Dt}(t)$、$F_{Lt}(t)$和$M_t(t)$可根据下列分量的线性化近似值求得：

$$\begin{cases} F_{Dt}(t) = F_{Dt} + f_{Du}(t) + f_{Dv}(t) + f_{Dw}(t) \\ F_{Lt}(t) = F_{Lt} + f_{Lu}(t) + f_{Lv}(t) + f_{Lw}(t) \\ M_t(t) = M_t + m_u(t) + m_v(t) + m_w(t) \end{cases} \tag{4-5}$$

式中,F_{Dt}、F_{Lt}和 M_t 表示处于湍流场中单位长度索杆承受的平均阻力、平均升力和平均扭矩,可由下式确定:

$$\begin{cases} F_{Dt} = \dfrac{1}{2}\rho U^2 BC_{Dt}(\beta) \\ F_{Lt} = \dfrac{1}{2}\rho U^2 BC_{Lt}(\beta) \\ M_t = \dfrac{1}{2}\rho U^2 B^2 C_{Mt}(\beta) \end{cases} \tag{4-6}$$

式中,$C_{Dt}(\beta)$,$C_{Lt}(\beta)$和 $C_{Mt}(\beta)$表示湍流场中的平均气动力系数,通常小于均匀流场中的结果。

另外,$f_{Du}(t)$、$f_{Lu}(t)$和 $m_u(t)$分别表示由湍流分量 u 引起的力,而 $f_{Dv}(t)$、$f_{Lv}(t)$和 $m_v(t)$分别表示由湍流分量 v 引起的力,这些力可以按下式确定:

$$\begin{cases} f_{Du}(t) = \rho U u(t) BC_{Dt}(\beta) \\ f_{Lu}(t) = \rho U u(t) BC_{Lt}(\beta) \\ m_u(t) = \rho U u(t) BC_{Mt}(\beta) \end{cases} \tag{4-7}$$

$$\begin{cases} f_{Dv}(t) = \dfrac{1}{2}\rho U v(t) B[C'_{Dt}(\beta) - C_{Lt}(\beta)] \\ f_{Lv}(t) = \dfrac{1}{2}\rho U v(t) B[C'_{Dt}(\beta) + C'_{Lt}(\beta)] \\ m_v(t) = \dfrac{1}{2}\rho U v(t) B^2 C'_{Mt}(\beta) \end{cases} \tag{4-8}$$

而 $f_{Dw}(t)$、$f_{Lw}(t)$和 $m_w(t)$分别表示由旋涡尾流引起的力,由下式确定:

$$\begin{cases} f_{Dw}(t) = \dfrac{1}{2}\rho U^2 Bc_{Dw}(t) \\ f_{Lw}(t) = \dfrac{1}{2}\rho U^2 Bc_{Lw}(t) \\ m_w(t) = \dfrac{1}{2}\rho U^2 Bc_{Mw}(t) \end{cases} \tag{4-9}$$

式中,$c_{Dw}(t)$、$c_{Lw}(t)$和 $c_{Mw}(t)$分别为在圆柱体尾流中测得的阻力、升力和扭矩系数。

4.1.3 湍流场中的运动索杆

假定处在湍流场中的索杆存在两个平移的分量 $d(t)$、$l(t)$ 和一个旋转运动分量 $\theta(t)$，如图 4-3 所示。

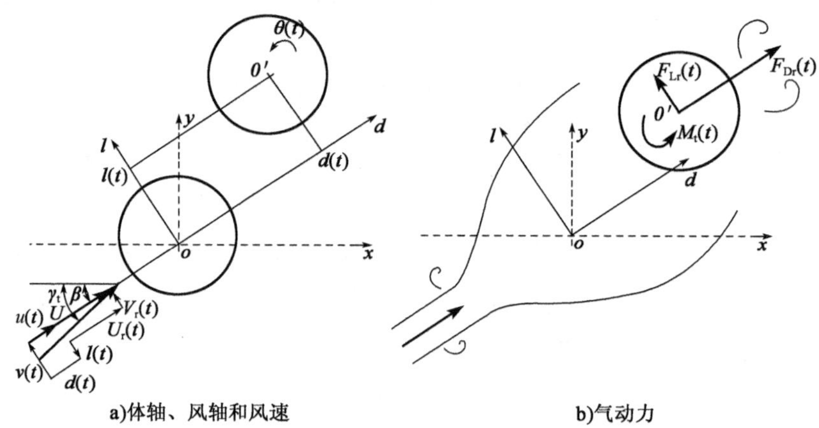

a)体轴、风轴和风速　　b)气动力

图 4-3　处于湍流场中的运动索杆

由于索杆的运动，可以确定一个相对速度的矢量，顺风向和横风向的分量 $U_r(t)$ 和 $V_r(t)$ 分别为：

$$
\begin{cases}
U_r(t) = U + u(t) - \dot{d}(t) \\
V_r(t) = v(t) - \dot{l}(t)
\end{cases}
\tag{4-10}
$$

式中，符号“·”表示与时间有关的导数。

假定满足准定常准则，促动索杆的线性化的合力 $F_{Dr}(t)$、$F_{Lr}(t)$ 和 $M_r(t)$ 可由下式求得近似值：

$$
\begin{cases}
F_{Dt}(t) = F_{Dt} + f_{Du}(t) + f_{Dv}(t) + f_{Dw}(t) + f_{Dq}(t) + f_{D\dot{q}}(t) \\
F_{Lt}(t) = F_{Lt} + f_{Lu}(t) + f_{Lv}(t) + f_{Lw}(t) + f_{Lq}(t) + f_{L\dot{q}}(t) \\
M_t(t) = M_t + m_u(t) + m_v(t) + m_w(t) + m_{\theta q}(t) + m_{\theta\dot{q}}(t)
\end{cases}
\tag{4-11}
$$

式中，右端的前四项和前文规定一致，依次表示平均风荷载、由顺风向湍流引起的脉动力、由横风向湍流引起的脉动力和由尾流效应引起的脉动力。最后两项是由圆柱体的位移和速度引起的力，可根据下式确定：

$$\begin{cases} f_{\mathrm{Dq}}(t) = -\dfrac{1}{2}\rho U^2\theta(t)BC'_{\mathrm{Dt}}(\beta) \\ f_{\mathrm{Lq}}(t) = -\dfrac{1}{2}\rho U^2\theta(t)BC'_{\mathrm{Lt}}(\beta) \\ m_{\theta\mathrm{q}}(t) = -\dfrac{1}{2}\rho U^2\theta(t)B^2C'_{\mathrm{Mt}}(\beta) \end{cases} \tag{4-12}$$

$$\begin{cases} f_{\mathrm{D}\dot{\mathrm{q}}}(t) = -\rho U\dot{d}(t)BC_{\mathrm{Dt}}(\beta) - \dfrac{1}{2}\rho U\dot{l}(t)B[C'_{\mathrm{Dt}}(\beta) - C_{\mathrm{Lt}}(\beta)] \\ f_{\mathrm{L}\dot{\mathrm{q}}}(t) = -\rho U\dot{d}(t)BC_{\mathrm{Lt}}(\beta) - \dfrac{1}{2}\rho U\dot{l}(t)B[C_{\mathrm{Dt}}(\beta) - C'_{\mathrm{Lt}}(\beta)] \\ m_{\theta\dot{\mathrm{q}}}(t) = -\rho U\dot{d}(t)B^2C_{\mathrm{Mt}}(\beta) - \dfrac{1}{2}\rho U\dot{l}(t)B^2C'_{\mathrm{Mt}}(\beta) \end{cases} \tag{4-13}$$

上面分别介绍了处于均匀流场中的固定索杆、处于湍流场中的固定索杆和处于湍流场中的运动索杆的气动力，可以看出，无论哪种条件，气动力的成分非常复杂，并且是随时间变化的。上述三种条件中，第三种条件更接近真实的索杆受力情况。

目前研究方法中，无论是风洞试验还是规范方法，都是在平均气动力的基础上乘以荷载放大系数，或者先在设计基准风速的基础上乘以风速放大系数再计算气动力，以考虑脉动成分对索杆风荷载的影响。

4.2 风洞试验

真实斜拉桥的斜拉索、悬索桥和拱桥的吊杆在空间具有较大的尺度，不同位置处的风速和湍流度也会有所不同。在风洞试验中，常采用足尺模型和均匀低湍流度风场进行试验。为了准确获得索杆结构上的风荷载，需要综合考虑风场的三维性、气动力随雷诺数的变化等诸多因素。

4.2.1 横桥向阻力系数

本节针对表面光滑的索杆的阻力系数进行讨论。空间的索杆与风向的相对位置如图 4-4

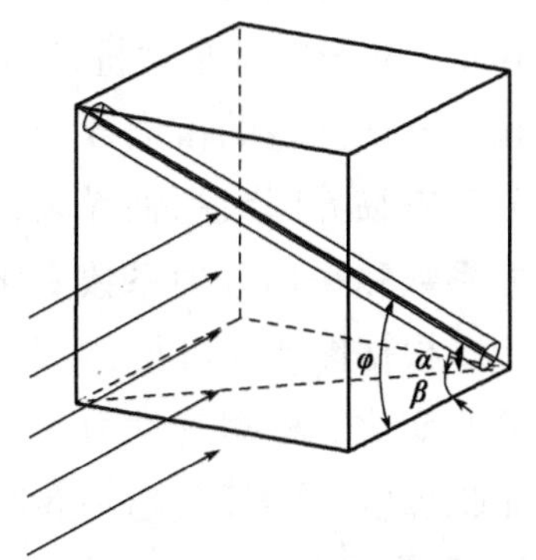

图 4-4 来流方向与索杆的位置关系

所示，索杆与其水平投影的夹角为 α，来流方向和索杆在水平面上投影的夹角为 β，来流方向和索杆的夹角为 φ。当 $\beta=0°$ 时，来流方向与索杆在水平面的投影方向重合，此时来流方向为顺桥向；当 $\beta=90°$ 时，来流方向为横桥向。

当 $\beta=90°$，即风向为横桥向时，绕流为二维流动，索杆的平均阻力系数随雷诺数的变化曲线如图 4-5 所示。

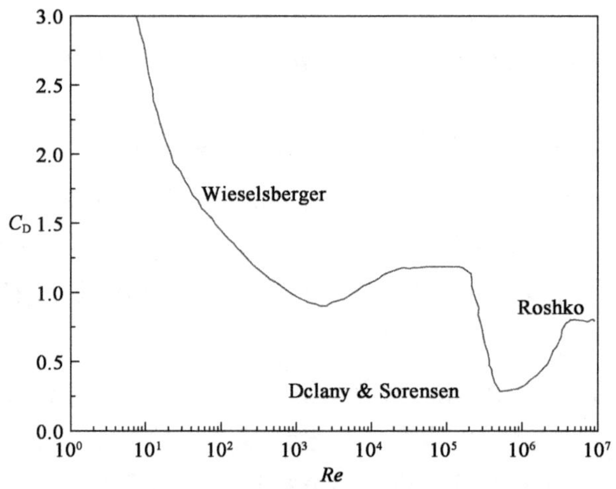

图 4-5 斜拉索(圆柱)的平均阻力系数随雷诺数的变化曲线($\alpha=0°$、$\beta=90°$)

注：该图是由 Wieselsberger、Delany & Sorensen、Roshko 三组数据组合得到的。

由图 4-5 可以看出，索杆的平均阻力系数随雷诺数发生明显改变。大跨度桥梁斜拉索的雷诺数一般在 10^5 量级，如南京长江二桥，其最大直径斜拉索(PES7-265，外径 145mm)在索塔和索梁锚固端的雷诺数分别为 6.2×10^5 和 4.8×10^5；苏通大桥，其最大直径斜拉索(PES7-313，外径 154mm)在索塔和索梁锚固端的雷诺数分别高达 7.2×10^5 和 6.2×10^5。如此高的雷诺数一般对应临界区或超临界区，斜拉索在亚临界区、临界区和超临界区的平均阻力系数和平均升力系数变化曲线如图 4-6 所示。

根据图 4-6 可得，阻力系数和升力系数随着雷诺数增大均发生了非常显著的变化。根据气动力和流场的变化特点，雷诺数从小到大依次可以划分为亚临界区、临界区、超临界区和高超临界区，图 4-6 中仅呈现了亚临界区和临界区(灰色区域)。

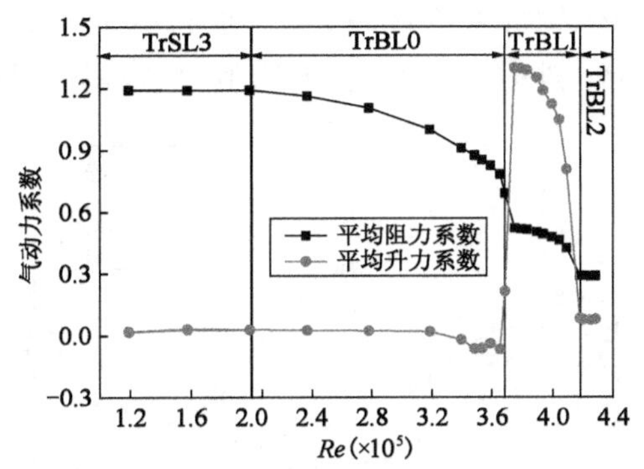

图 4-6 斜拉索阻力系数和升力系数随雷诺数的变化曲线

临界区的流态包括 TrBL0 流态、TrBL1 流态、TrBL2 流态以及两种流态之间的过渡 TrBL0-1 和 TrBL1-2。其中,TrSL3 流态属于亚临界区,在该流态下,平均阻力系数基本保持不变,大约为 1.2,而平均升力系数几乎为 0;TrBL0 流态属于预临界区,平均阻力系数随着雷诺数增大逐渐减小,平均升力系数仍然维持在 0 附近;TrBL1 流态为单分离泡区,平均阻力系数基本保持不变,平均升力系数维持在一个大值;TrBL2 流态为双分离泡区,平均阻力系数也保持稳定,平均升力系数又降到 0 附近。在 TrBL0-1 过程中,在圆柱某一侧会产生一个分离泡,使得平均阻力系数剧烈减小;在 TrBL1-2 过程中,在圆柱另一侧也会形成一个分离泡,使得平均阻力系数进一步剧烈减小。

总之,在临界雷诺数范围内,索杆的气动力系数变化非常剧烈。索杆高度的变化导致风速的变化,即雷诺数也随之变化,因此,索杆的平均阻力系数沿着索杆高度是变化的。关于这一点,各国规范存在不同的规定。而英国 BS5400 规范、日本《本州四国联络桥耐风设计标准》以及我国《公路桥梁抗风设计规范》(JTG/T 3360-01—2018)的规定是,按照计算高度确定雷诺数,整根斜拉索取一个固定的平均阻力系数;英国工程数学数据库(ESDU 80025)也规定雷诺数的取值从平均阻力系数—雷诺数的变化曲线上查找。

4.2.2 顺桥向阻力系数

当 $\beta=0°$,即来流为顺桥向时,对于不同的倾斜角 α,平均阻力系数随雷诺数的变化曲线如图 4-7 所示。可以看出,随着倾斜角 α 的增大,平均阻力系数逐渐增大,这是因为倾斜角 α 越大,风垂直吹向斜拉索的分量越大。另外,也可以看出,随着倾斜角 α 的增大,平均阻力系数的雷诺数效应更加明显。

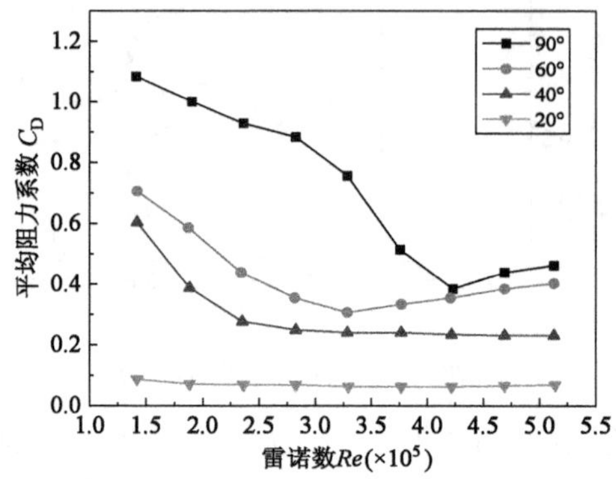

图 4-7　顺桥向风作用下平均阻力系数随雷诺数的变化曲线

需要注意的是,《公路桥梁抗风设计规范》(JTG/T 3360-01—2018)对于顺桥向的阻力系数 $C_D\sin^2\alpha_c$ 规定是基于该试验数据在 55m/s 下的拟合公式;而 ESDU 80025 对于顺风向的阻力系数选取则考虑了很复杂的流动作用。

4.3　规范方法

综合计算理论和风洞试验结果,各个国家或地区对斜拉索的风荷载计算进行了规范性建议或要求,各规范既有相同之处,又有针对各自适用范围的特点,现将各规范的具体规定介绍如下。

4.3.1　中国桥规

(1)横桥向风荷载

根据《公路桥梁抗风设计规范》(JTG/T 3360-01—2018),索杆结构上的风荷载以及横桥向风作用下斜拉索和主缆的等效静阵风荷载可按下式计算:

$$F_g = \frac{1}{2}\rho U_g^2 C_D A_n \tag{4-14}$$

式中:F_g——构件单位长度上的风荷载(N/m);

ρ——空气密度(kg/m³),可取 1.25kg/m³;

U_g——构件基准高度上的等效静阵风风速(m/s)；

C_D——构件的阻力系数；

A_n——构件单位长度上顺风向的投影面积(m^2/m)，对于斜拉索、主缆和吊杆取外径计算。

当悬索桥主缆的中心间距为直径的4倍及以上时，每根风荷载宜独立考虑，单根主缆的阻力系数可取0.7；当主缆的中心间距小于直径的4倍时，可按一根主缆计算，其阻力系数宜取1.0。当悬索桥吊索(杆)的中心距离为直径的4倍及以上时，每根吊杆的阻力系数可取1.0。

表面光滑、表面凹坑处理及表面缠绕螺旋线的拉索在W1风作用水平时的阻力系数可取1.0，在W2风作用水平时阻力系数可取为0.8；其他外形、并列平行布置以及考虑覆冰影响的斜拉索、主缆及吊杆(索)的阻力系数宜通过风洞试验或虚拟风洞试验获取。

(2)顺桥向风荷载

顺桥向风作用下斜拉索和主缆的等效静阵风荷载可按下式计算：

$$F_g = \frac{1}{2}\rho U_g^2 C_D D_C \sin^2\alpha_c \tag{4-15}$$

式中：D_C——斜拉索的外径(m)；

α_c——斜拉索的倾斜角(°)。

《公路桥梁抗风设计规范》(JTG/T 3360-01—2018)将桥墩或桥塔等长圆柱体的阻力系数按雷诺数的大小规定了不同的数值：对于雷诺数小于4×10^5的光滑表面长圆柱体，或者具有粗糙表面或带凸起表面的长圆柱体，阻力系数取1.2；对于雷诺数大于4×10^5的光滑表面长圆柱体，阻力系数取0.6。对于斜拉索的阻力系数，规范第4.4.5条规定斜拉索阻力系数在考虑与活载组合时，可取1.0；在设计基准风速下可取0.8；在“条文说明”4.4中规定“当不采用气动措施时，可取0.7，若采用如缠绕螺旋线的气动措施时，可取0.8”。

4.3.2 日本《本州四国联络桥耐风设计标准》

(1)横桥向风荷载

吊桥主缆、吊桥吊杆、斜拉桥的斜拉索风荷载按下式计算：

$$P_{D}=\mu_{2}\frac{\rho\overline{U}_{Z}^{2}}{2}C_{D}A_{n} \tag{4-16}$$

$$\begin{cases}\overline{U}_{Z}=\mu_{1}\overline{U}_{10}\\ \mu_{1}=\left(\dfrac{Z}{10}\right)^{\alpha}\end{cases} \tag{4-17}$$

式中：ρ——来流的密度；

$\overline{U}_{Z}$——基准高度 Z 处的平均风速；

$\overline{U}_{10}$——桥址处 10m 高度处 10min 平均风速；

Z——吊桥主缆、吊桥吊杆、斜拉桥斜拉索的基准高度；

α——粗糙度指数；

C_{D}——索杆的阻力系数，可取为 0.7；

A_{n}——顺风向投影面积；

μ_{2}——荷载放大系数，按照表 4-1 的建议取值。

荷载放大系数取值表 表 4-1

设计对象	主梁		桥塔	
研究方向	横桥向	顺桥向	横桥向	顺桥向
放大系数	1.9	1.35	1.6	1.35

(2)顺桥向风荷载

对于斜拉索，顺桥向风荷载计算示意图如图 4-8所示，可按式(4-18)计算：

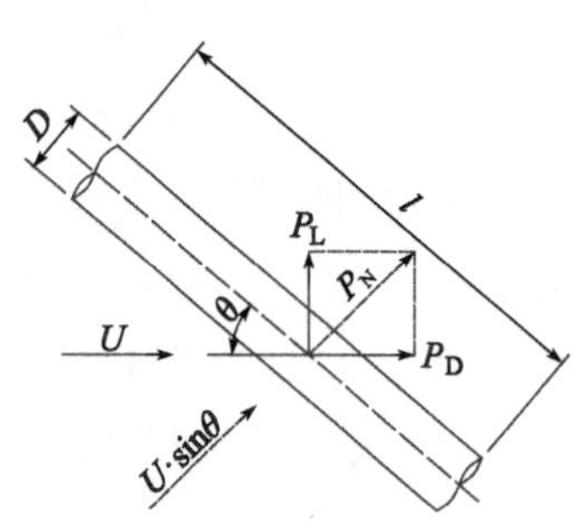

图 4-8 顺桥向风荷载计算示意图
U-来流风速；P_{N}-索杆受到的总气动力；P_{D}-索杆受到的气动阻力；P_{L}-索杆受到的气动升力

$$P_{DLL}=\frac{1}{2}\rho U_{Z}^{2}\mu_{2}C_{D}^{*}Dl \tag{4-18}$$

式中：C_{D}^{*}——相当于倾斜状态下的阻力系数，$C_{D}^{*}=C_{DC}\cdot\sin^{3}\theta$；

C_{DC}——标准斜拉索的阻力系数(取 0.7)；

μ_{2}——风荷载的修正系数；

D 和 l——分别是斜拉索的直径和长度；

θ——斜拉索的倾斜角。

4.3.3 ESDU 80025

ESDU 主要是对顺桥向倾斜索杆的阻力系数取值进行了规定,其中,标准索杆的阻力系数取值如图 4-9 所示。

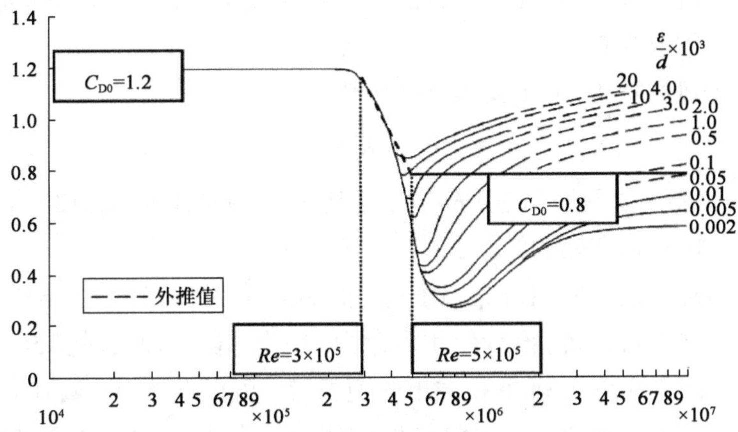

图 4-9 标准索杆的阻力系数 C_{D0} 的变化规律

顺桥向风荷载可以按式(4-19)进行计算。

$$F_w = \frac{1}{2}\rho U^2 C_D DL \tag{4-19}$$

规范主要是对公式中的阻力系数的取值进行了规定,在亚临界雷诺数区($Re<4.5\times10^5\cos\varphi$),根据 $Re=U\cos\varphi d/v$ 和合适表面粗糙度,从图 4-9 确定标准索杆的阻力系数 C_{D0};然后根据 $C_D = C_{D0}(\cos\varphi)^3$ 确定倾斜一定角度的索杆阻力系数。

在超临界区($Re>4.5\times10^5\cos\varphi$),当 $0°\leqslant\varphi\leqslant20°$ 时,索杆阻力系数与亚临界区一致;当 $30°\leqslant\varphi\leqslant50°$ 时,索杆阻力系数与亚临界区一致,但是 $C_D = C_{D0}$。

4.3.4 英国 BS5400 规范

英国 BS5400 规范仅对斜拉索的横桥向风荷载计算方法进行了规定,可按式(4-20)求解。

$$Pt = qA_1 C_D \tag{4-20}$$

式中：q——动风压（Pa），$q = 0.5\rho V_c^2$；

V_c——最大阵风风速（m/s）；

A_1——垂直投影的面积，这里只规定了主梁、栏杆、防撞护栏、桥墩的面积规定；

C_D——阻力系数，当 $dV_c < 6$ 时，阻力系数取为 1.2，当 $dV_c \geqslant 6$ 时，阻力系数取为 0.7。

最大阵风风速 V_c 可按式（4-21）计算。

$$V_c = vK_1S_1S_2 \tag{4-21}$$

式中：v——每小时平均风速（m/s），是基于开阔平坦地貌，120 年重现期，10m 高度处的结果；

K_1——桥梁设计使用寿命因子，如果桥梁（高速公路桥、铁路桥、人行桥、城市轨道桥）设计使用寿命为 120 年，取为 1.0，对于 50 年设计使用寿命的人行桥和城市轨道桥，K_1 可以取为 0.94，在建设阶段，K_1 可以取为 0.85，对应设计使用寿命为 10 年，当桥梁可以在两天之内建成，且可以获得准确的测量风速时，该测量风速可以作为平均风速 v，这时 K_1 可以取为 1.0；

S_1——狭管效应因子，一般情况下，该因子取为 1.0，当桥址在峡谷中，有峡谷风发生时，或者桥址位于背风侧，S_1 不能小于 1.1；

S_2——阵风因子，距离地面高度在 300m 以下，可以按表 4-2 确定。

S_2 取值参考表 表 4-2

距离地面高度（m）	水平加载长度（m）								
	≤20	40	60	100	200	400	600	1000	2000
5	1.47	1.43	1.40	1.35	1.27	1.19	1.15	1.10	1.06
10	1.56	1.53	1.49	1.45	1.37	1.29	1.25	1.21	1.16
15	1.62	1.59	1.56	1.51	1.43	1.35	1.31	1.27	1.23
20	1.66	1.63	1.60	1.56	1.48	1.40	1.36	1.32	1.28
30	1.73	1.70	1.67	1.63	1.56	1.48	1.44	1.40	1.35
40	1.77	1.74	1.72	1.68	1.61	1.54	1.50	1.46	1.41
50	1.81	1.78	1.76	1.72	1.66	1.59	1.55	1.51	1.46
60	1.84	1.81	1.79	1.76	1.69	1.62	1.58	1.54	1.50

续上表

距离地面高度(m)	水平加载长度(m)								
	≤20	40	60	100	200	400	600	1000	2000
80	1.88	1.86	1.84	1.81	1.74	1.68	1.64	1.60	1.56
100	1.92	1.90	1.88	1.84	1.78	1.72	1.68	1.65	1.60
150	1.99	1.97	1.95	1.92	1.86	1.80	1.77	1.74	1.70
200	2.04	2.02	2.01	1.98	1.92	1.87	1.84	1.80	1.77

需要注意的是,表4-2中的S_2是针对乡村区域,没有考虑桥梁周围的地面粗糙度变化。这样得到的风速会相对偏大。对于位于乡村的人行桥和城市轨道桥来说,该地可能有一些防风林之类的挡风结构。那么,表4-2中的S_2的取值可能要乘以一个折减系数,见表4-3。对于高于地面20m高度以上的桥梁部分,不需要折减。

地面粗糙度的折减系数　　表4-3

距离地面高度(m)	折减系数	距离地面高度(m)	折减系数
5	0.75	15	0.85
10	0.80	20	0.90

第 5 章　粗糙表面索杆的气动力特性

大部分斜拉桥斜拉索、拱桥吊杆、部分悬索桥吊杆等索杆表面材料为热挤聚乙烯，除去为了抑制风雨振而添加的螺旋线或者凹坑之外，出厂时均为光滑表面，粗糙度指数很低，因此新生产的索杆的临界雷诺数相对比较大，对应的临界风速也比较大，临界雷诺数区产生的振动不常发生。同时，新出厂的索杆表面具有一定的斥水性，降雨中不易形成水线，风雨振也不易发生。随着在桥上服役期的延长，索杆表面受到环境的影响，如风吹日晒引起粗糙或裂纹、空气中漂浮物的黏附、霜雪冰冻等，表面粗糙度会逐渐变大。索杆表面粗糙度的增大会导致临界雷诺数减小，在相对较小风速下产生较大的横向力，甚至引起振动。

5.1　表面粗糙度的确定

根据《产品几何技术规范(GPS)　表面结构　轮廓法　术语、定义及表面结构参数》(GB/T 3505—2009)的规定，评定表面粗糙度的几何参数有 P(在原始轮廓上计算)、R(在粗糙度轮廓上计算)、W(在波纹度轮廓上计算)等，本书选用基于原始轮廓线上计算的参数 P 进行示例，介绍比较常用的几个参数，如 Pa、Pq、Pz、Pku、Psm、Psk 等，其他的参数不再赘述。

(1)评定轮廓的算术平均偏差 Pa

Pa 为在一个取样范围内，纵坐标 $Z(x)$ 绝对值的期望，即：

$$Pa = \frac{1}{l}\int_0^l |Z(x)|\mathrm{d}x \tag{5-1}$$

(2)评定轮廓的均方根偏差 Pq

Pq 为在一个取样范围内，纵坐标 $Z(x)$ 的均方根值，即：

$$Pq = \sqrt{\frac{1}{l}\int_0^l Z^2(x)\mathrm{d}x} \tag{5-2}$$

(3)轮廓最大高度 Pz

如图5-1所示,Pz 为在一个取样范围内,最大的轮廓高和最深谷深之和。

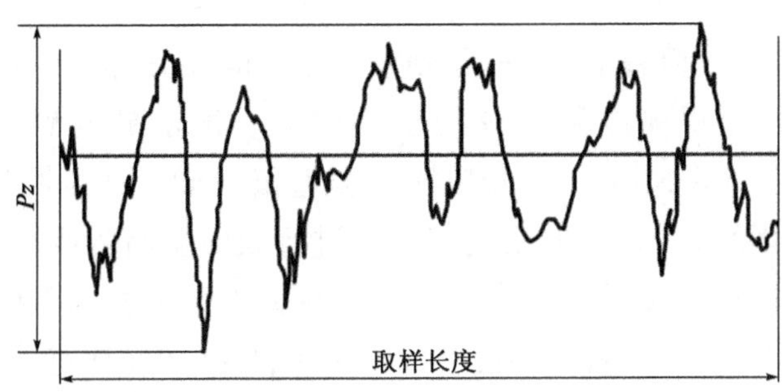

图5-1　轮廓最大高度

(4)评定轮廓的陡度 Pku

Pku 为在一个取样范围内,纵坐标的四次方的均值与 Pq 的四次方的比值,即:

$$Pku = \frac{1}{P^4 q}\left[\frac{1}{l}\int_0^1 Z^4(x)\,\mathrm{d}x\right] \tag{5-3}$$

(5)轮廓单元的平均宽度 Psm

Psm 为在一个取样范围内轮廓单元宽度(图5-2)Xs 的均值,即:

$$Psm = \frac{1}{m}\sum_{i=1}^{n} Xs_i \tag{5-4}$$

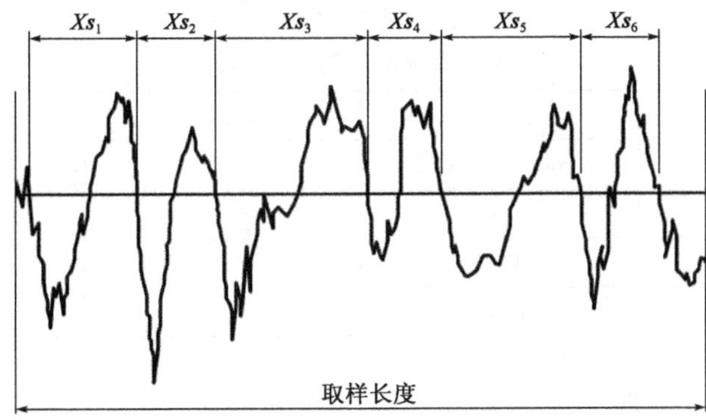

图5-2　轮廓单元宽度

(6)评定轮廓的偏斜度 Psk

Psk 为在一个取样范围内纵坐标的三次方的平均值和 Pq 的三次方的

比,即:

$$Psk = \frac{1}{P^3 q}\left[\frac{1}{l}\int_0^l Z^3(x)\,\mathrm{d}x\right] \tag{5-5}$$

对模型表面的粗糙程度进行测量时,一般使用表面粗糙度测量仪。图5-3为一种表面粗糙度测量仪的实物照片。该粗糙度测量仪是由日本Mitutoyo公司生产的SJ-410表面粗糙度测量仪。SJ-410是利用捡出器描绘各种部件的表面轨迹,并根据粗糙度标准进行表面粗糙度或峰平计算与显示的现场型表面粗糙度测量仪。它可以通过探针测量平面的粗糙度,并可以按照实际的规范给出20多种粗糙度的评价指标,包括 *Pa*(评定轮廓的算术平均偏差)、*Pq*(评定轮廓的均方根偏差)、*Pz*(轮廓最大高度)、*Pp*(最大轮廓峰高)、*Pt*(轮廓总高度)、*Psk*(评定轮廓的偏斜度)、*Pku*(评定轮廓的陡度)、*Pc*(轮廓单元的平均高度)和 *Psm*(轮廓单元的平均宽度)等。仪器的相关参数见表5-1。

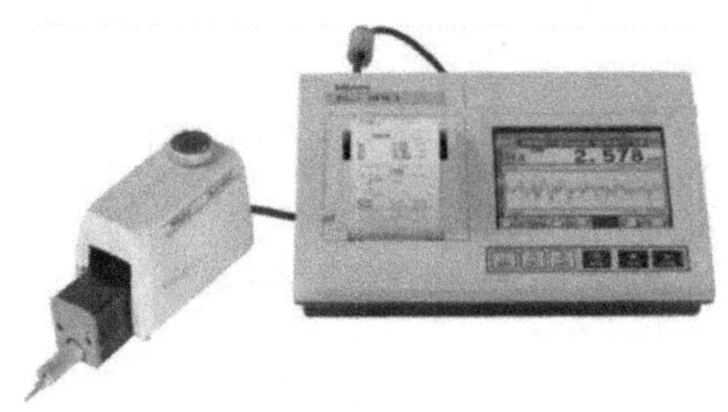

图5-3　SJ-410表面粗糙度测量仪

表面粗糙度测量仪的参数　　表5-1

测量范围(μm)	测量分辨率(μm)	使用温度(℃)	保存温度(℃)
自动	0.000125~0.0125	5~40	-10~50
800	0.0125		
80	0.00125		
8	0.000125		

5.1.1　粗糙度的实现方法

在风洞试验中为了实现索杆表面不同的粗糙度,有如下几种方法:

砂纸打磨法:利用不同型号的工业砂纸沿斜拉索长度方向均匀打磨模型

表面。

粘贴沙粒法:在光滑圆形模型的表面粘贴细沙(图5-4)。

粘贴凸起物:在光滑圆形模型的表面粘贴凸起物(图5-5)。

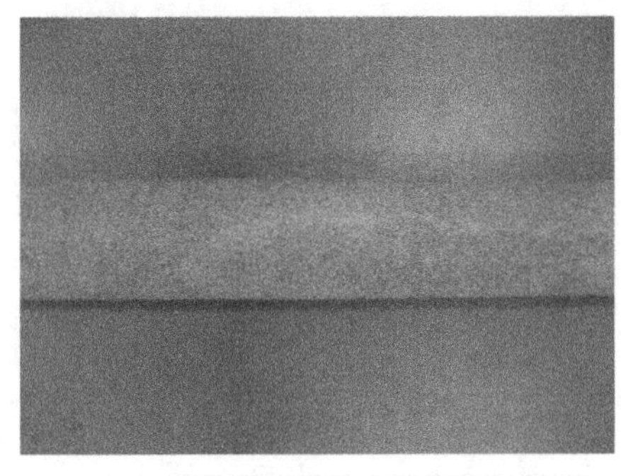

图5-4　粘贴细沙的斜拉索

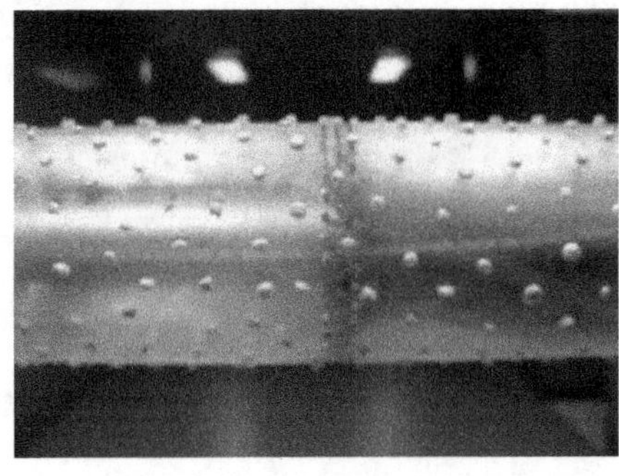

图5-5　粘贴凸起物的斜拉索

包裹砂纸法:通过在光滑斜拉索表面粘贴不同目的工业砂纸,以获得较为均匀的表面粗糙度。

另外还可以通过粘贴铁丝网等方式改变斜拉索表面的粗糙度。

5.1.2　试验模型

本节以包裹工业砂纸的方法,实现不同表面粗糙度,并针对这些具有不同粗糙度的模型进行气动力研究试验。试验在石家庄铁道大学风洞的高速试验段进行,采用天平测力的方法进行测力试验,天平的采样频率为1500Hz,采样时间为120s,共180000个数据,眼镜蛇探头的采样频率为2000Hz,采样时间为60s,共有120000个数据,试验风场为均匀流场。

斜拉索模型由直径约为120mm的刚性有机玻璃管制成,中间贯穿具有足够刚度的钢管,固定在两端的高频测力天平上。每个斜拉索模型分别在模型两端、中间、1/4和3/4处五个断面、每个断面的四个方向,利用游标卡尺测量其直径,以平均直径作为计算气动力系数的模型直径值。多处测量直径的目的除了是为获得准确的直径数值之外,也是为了保证模型圆度的均匀性,避免某个方向的明显偏差引起气动力的变化。测试结果表明模型直径在各个位置基本均衡分布。模型区在40m/s和65m/s时的湍流度不大于0.16%。在模型表面包裹不同型号的工业砂纸以得到不同的表面粗糙度。

将光滑的没有包裹砂纸的模型记作 M1，按照粗糙度从小到大 7 个包裹工业砂纸的模型分别记作 M2 ~ M8，8 个试验模型的细部照片如图 5-6 所示（为了对比，照片中放置了钢尺），在风洞中模型整体照片如图 5-7 所示。试验采用的斜拉索模型参数见表 5-2。

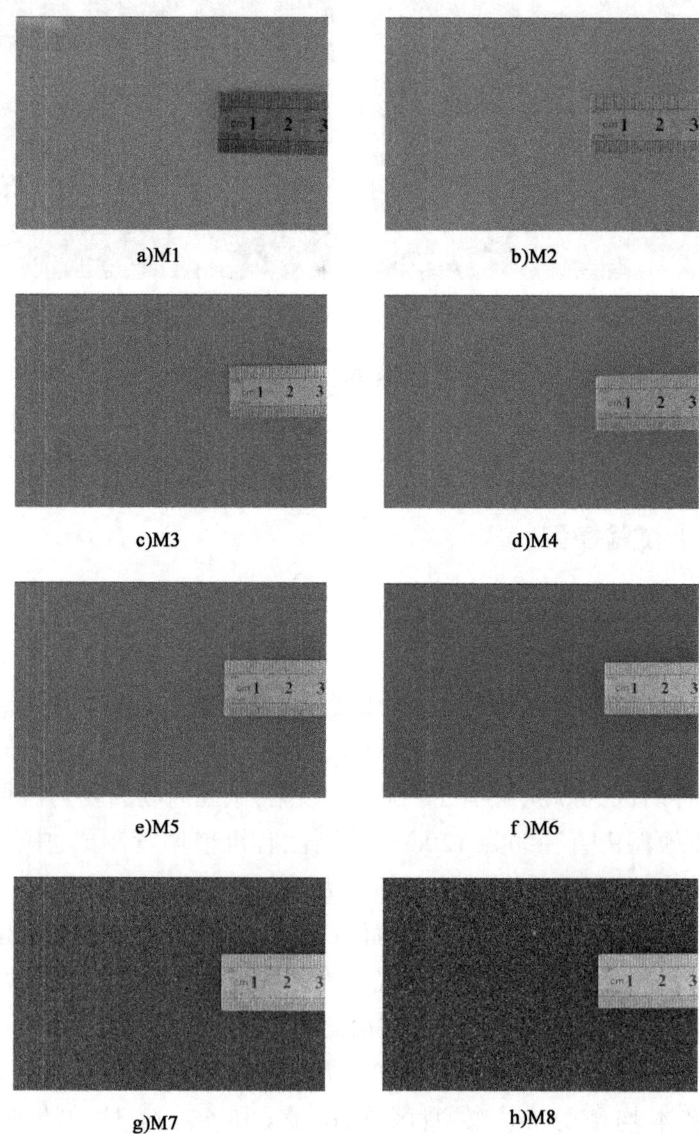

a)M1　b)M2　c)M3　d)M4　e)M5　f)M6　g)M7　h)M8

图 5-6　模型表面状态

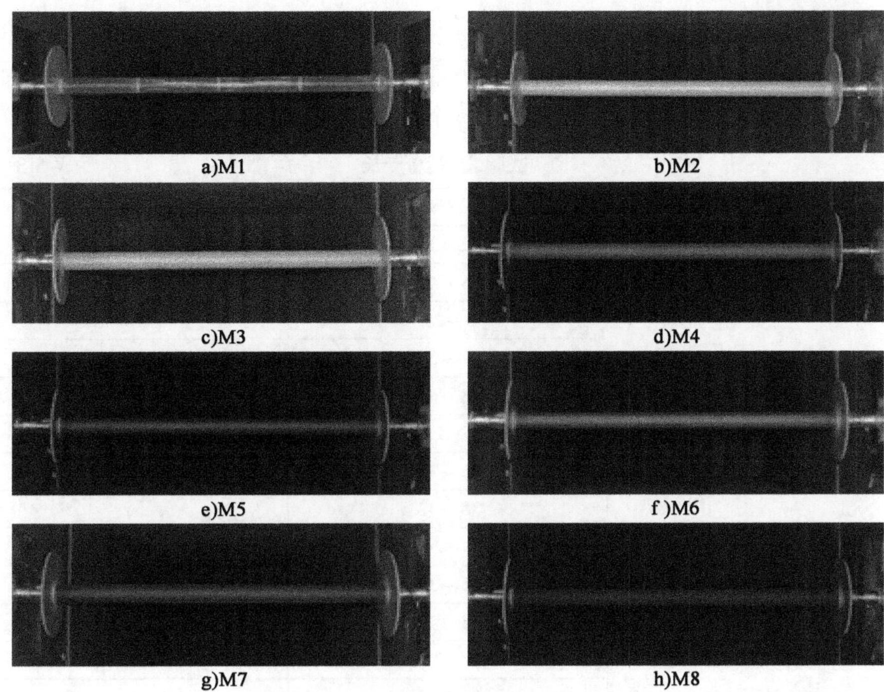

a)M1　b)M2　c)M3　d)M4　e)M5　f)M6　g)M7　h)M8

图 5-7 模型在风洞内的照片

斜拉索模型参数　　表 5-2

模型编号	表面砂纸（目）	模型直径（mm）	直径标准差（mm）	表面粗糙度（mm）		
				Pa	*Pq*	*Pz*
M1	无	120.133	0.108	0.51	0.61	2.01
M2	5000	120.391	0.068	5.36	6.56	26.52
M3	3000	120.398	0.063	5.84	7.07	29.92
M4	1200	120.556	0.153	5.98	7.32	34.73
M5	1000	120.464	0.094	6.30	7.82	37.83
M6	600	120.434	0.091	11.24	13.62	56.66
M7	100	120.596	0.189	41.06	51.22	207.51
M8	60	120.984	0.143	75.02	93.19	349.73

5.2 粗糙度对斜拉索气动力的影响

近年来，许多学者都对表面粗糙状态的斜拉索进行了研究。本节以某粗糙斜拉索风洞试验为例，说明粗糙度对斜拉索气动力造成的影响，试验模型的雷诺数通过公式(3-8)进行计算。为了准确获得临界雷诺数区气动力的变化情况,在亚临界、临界和超临界雷诺数区分别利用不同的风速步长进行测试,其中临界雷诺数区的步长较小。各个模型的试验雷诺数步长见表5-3。

试验雷诺数步长　　表5-3

模型编号	雷诺数($\times10^4$)	雷诺数步长($\times10^4$)
M1	12 ~ 34	4
	35 ~ 43	0.5
M2	5 ~ 25	4
	27 ~ 37	1
	38 ~ 42	2
M3	5 ~ 25	4
	26 ~ 38	1
	38 ~ 42	2
M4	5 ~ 24	4
	25 ~ 38	1
	38 ~ 42	2
M5	5 ~ 21	4
	22 ~ 37	1
	38 ~ 42	2
M6	5 ~ 25	4
	27 ~ 36	1
	38 ~ 42	2
M7	5 ~ 12	4
	13 ~ 21	1
	24 ~ 36	2
M8	5 ~ 15	1
	18 ~ 30	3
	30 ~ 38	4

通过天平在斜拉索模型两端进行同步测力,得到了8种模型的阻力系数和升力系数随雷诺数的变化关系,如图5-8所示。

分析图5-8各个力系数随着雷诺数和粗糙度的变化,可总结得到如下几个方面的规律:

(1)每个模型在测试的雷诺数范围内,亚临界区阻力系数和升力系数基本保持不变,分别稳定在1.2和0附近。

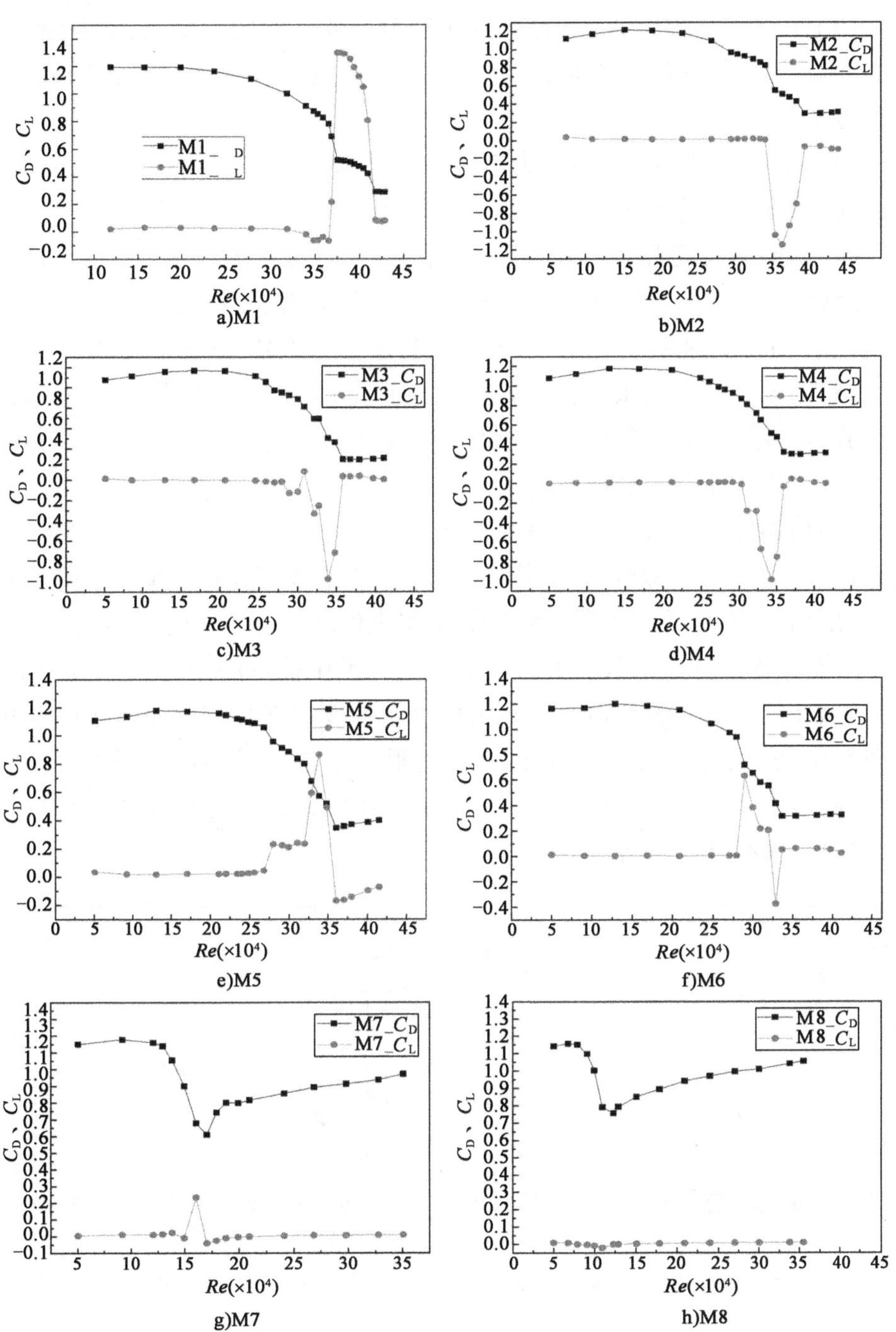

图5-8　各模型的气动力系数随雷诺数的变化

(2)当进入临界区时,阻力系数和升力系数发生较大变化,随着阻力系数的下降,出现较大的升力系数,有的升力系数甚至要大于同样雷诺数对应的阻力系数。

(3)随着雷诺数的增大,阻力系数停止下降,改为缓慢增大,升力系数再次回到0值附近,进入超临界区。

(4)试验中发现升力的方向具有随机性,一个工况结束重新从低风速到高风速试验,升力的方向有可能同上一个工况的方向不同;即使在同一个试验过程中,随着风速的变化,升力也有改变方向的情况,如图5-8f)所示。

(5)对于光滑模型来说,如图5-8a)所示,阻力的下降说明进入临界雷诺数区域,之后阻力系数有相对平稳的一段,这时升力系数最大,之后阻力系数继续快速下降,升力快速减小。

(6)就整体规律而言,随着表面粗糙度的增大,阻力系数开始下降和升力系数开始激增的雷诺数数值(即临界雷诺数开始的数值)如图5-9所示。阻力系数的最小值增大,升力系数(绝对值)的最大值减小,雷诺数效应减弱。

从模型的气动力系数随雷诺数的变化关系中提取阻力系数的最小值和升力系数(绝对值)的最大值,将该数值随粗糙度的变化规律绘制于图5-10。由图5-10可知,随着表面粗糙度的增大,阻力系数的最小值逐渐增大,升力系数(绝对值)的最大值逐渐减小。当粗糙度增大到一定程度时,升力系数变得很小,基本可以忽略。

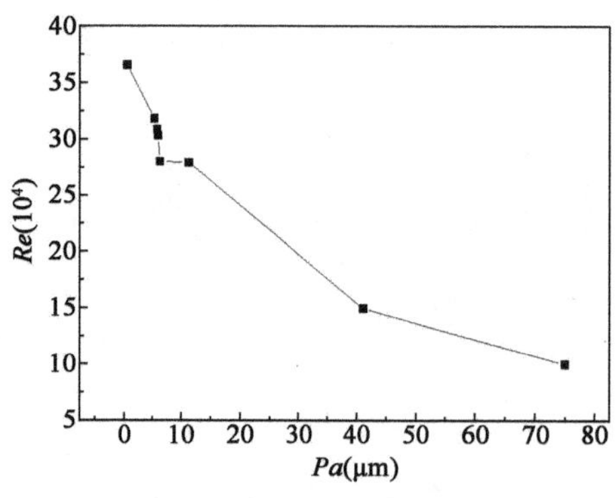

图5-9　临界区开始的雷诺数随粗糙度的变化

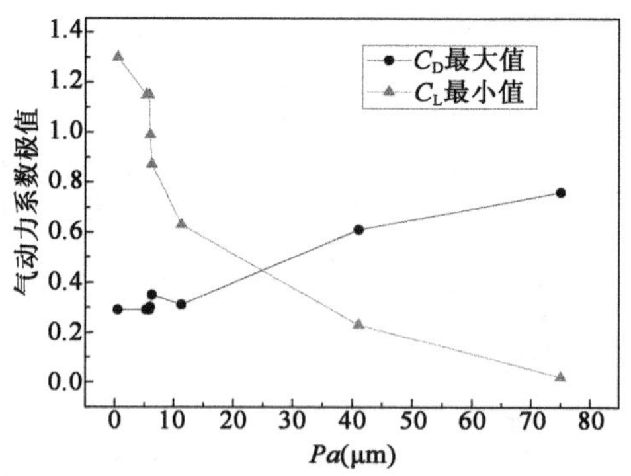

图5-10　气动力系数随粗糙度的变化

第6章　表面损伤和形状畸变索杆的气动力特性

在桥梁风工程研究中,通常把索杆当作具有理想圆截面的细长圆柱体。但是,在生产、运输、安装和服役过程中,索杆在各种外部因素作用下,可能出现表面损伤或截面形状畸变。现场实测结果表明,部分索杆的截面是长短轴之比接近1的微椭圆形,或是接近圆形的不规则形状,有的索杆表面因磕碰刮擦和老化开裂出现划痕和裂痕。

由于索杆的气动力和风致振动特性对结构外形十分敏感,断面或表面的细微改变可能导致显著的气动力或振动特性的变化。因此,本章针对特定的表面损伤和形状畸变的索杆进行系列研究,以总结出表面损伤和形状畸变对索杆气动力特性的影响规律。

6.1　表面损伤索杆的气动力

在各种外部因素作用下,索杆可能出现各种表面损伤,但是损伤的样式和几何尺寸具有很强的随机性。为了方便研究表面损伤参数对索杆气动力的影响规律,在圆柱索杆模型表面切割通长的划痕和切面来模拟斜拉索的损伤。共拟定了四个模型,分别为小尺寸划痕模型、中尺寸划痕模型、大尺寸划痕模型和切面模型。划痕的截面形状是等边三角形,三个划痕深度分别为0.5mm、1.0mm和2.0mm,切面模型切去的厚度为1.0mm。四种特定损伤的索杆截面形状及尺寸如图6-1所示。针对四个模型进行了端部测力试验,并对结果进行了分析。

6.1.1　小尺寸划痕索杆

(1)阻力系数的变化规律

图6-2和图6-3为小尺寸划痕模型的阻力系数随雷诺数的变化曲线,其

中图例“S”代表光滑索杆的结果。首先，对风向角0°～180°范围中每10°进行阻力系数的分析，发现在0°～40°和90°～180°范围内，阻力系数随雷诺数的变化趋势基本一致，不同风向角之间的阻力系数随雷诺数变化规律差异较小。

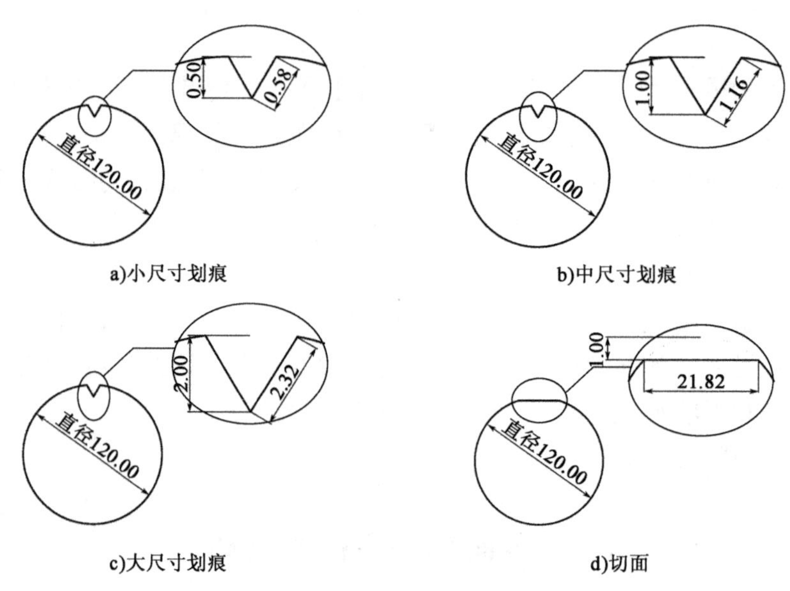

图6-1　划痕(切面)横截面示意图(尺寸单位:mm)

在50°～90°范围内，不同风向角下的阻力系数随雷诺数的变化曲线差异较大，因此对50°～90°的范围进行加密，风向角步长缩小为2.5°，测试结果如图6-3所示。在50°～75°范围内，临界雷诺数会随着风向角的增大而逐渐减小，即会在更低的雷诺数下进入临界区，而且单分离泡区持续的雷诺数范围更宽(即阻力系数下降过程中的平台长度更长)。当风向角达到75°时，临界雷诺数最低，最早进入临界区，单分离泡区持续的雷诺数范围也最宽。在75°～82.5°范围内，阻力系数随雷诺数变化曲线差别不大，但是临界区的提前程度在逐渐减小。在85°～90°范围内，阻力系数随雷诺数的变化曲线又变回与光滑索杆的结果接近。风向角在50°～90°范围内，临界雷诺数先逐渐减小后又增大到接近光滑索杆的结果。

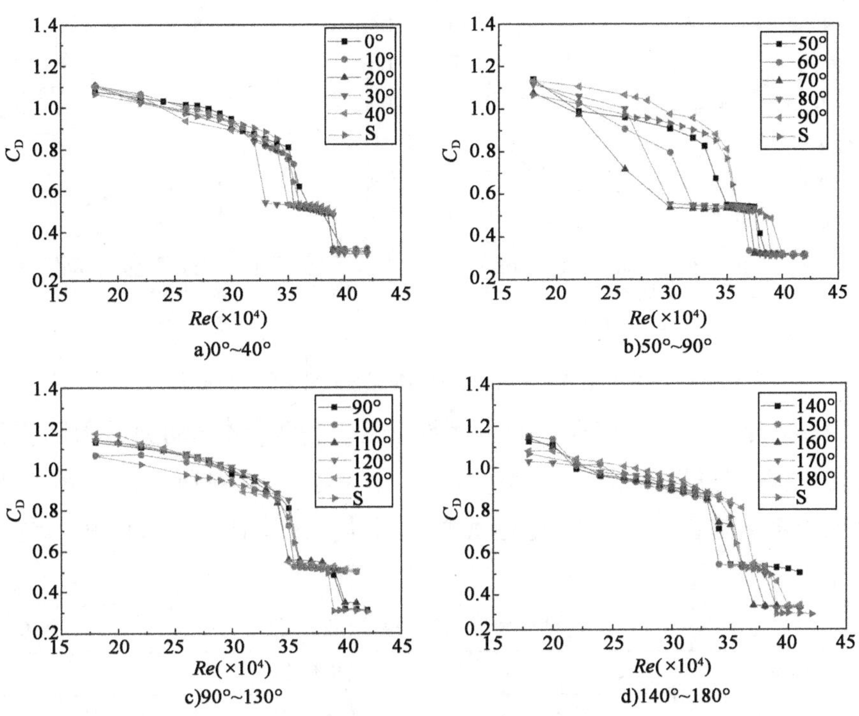

图 6-2 小尺寸划痕索杆阻力系数随雷诺数的变化曲线(间隔 10°)

(2)阻力系数的拟合结果

本试验最终获得了 0°～180°范围内 34 个风向角下的气动力系数随雷诺数的变化曲线,但是无法直接应用到实际工程。为了方便工程应用,将上述阻力系数随雷诺数的变化曲线进行了拟合。

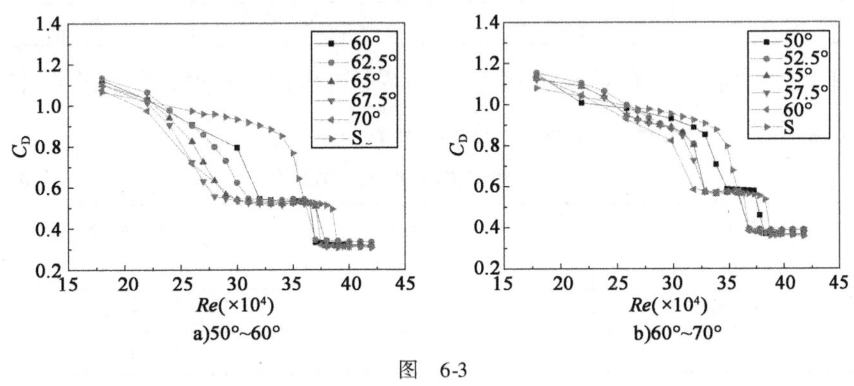

图 6-3

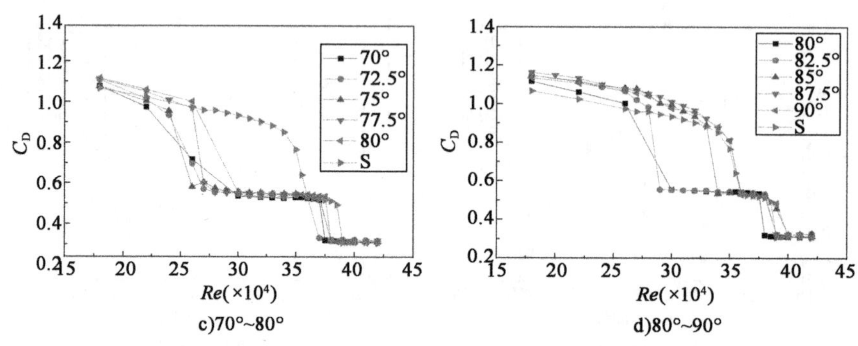

图6-3 小尺寸划痕索杆阻力系数随雷诺数的变化曲线(间隔2.5°)

表6-1为小尺寸划痕索杆的雷诺数分区。首先,将气动力系数随雷诺数的变化规律接近的曲线归为一类。其中,小尺寸划痕索杆在60°~70°风向角下气动力系数随雷诺数的变化曲线差异较大,所以把每个风向角单独进行分区。

小尺寸划痕索杆的雷诺数分区 表6-1

风向角 θ (°)	雷诺数分区		
	亚临界区($\times10^4$)	临界区($\times10^4$)	超临界区($\times10^4$)
$0\leq\theta<50$	$Re<25$	$25\leq Re\leq37$	$Re>37$
$50\leq\theta\leq60$	$Re<21$	$21\leq Re\leq36$	$Re>36$
62.5	$Re<20$	$20\leq Re\leq36$	$Re>36$
65	$Re<19$	$19\leq Re\leq37$	$Re>37$
67.5	$Re<18$	$18\leq Re\leq37$	$Re>37$
$70\leq\theta\leq82.5$	$Re<18$	$18\leq Re\leq37$	$Re>37$
$82.5<\theta<180$	$Re<25$	$25\leq Re\leq41$	$Re>41$

小尺寸划痕索杆在亚临界区和超临界区的阻力系数几乎不随雷诺数变化,其亚临界区和超临界区的阻力系数见表6-2。

小尺寸划痕索杆阻力系数统计 表6-2

风向角 θ(°)	亚临界区	超临界区
0~50	0.97	0.31
52.5~60	1.08	0.31
62.5	1.12	0.35

续上表

风向角 θ(°)	亚临界区	超临界区
65	1.14	0.32
67.5	1.10	0.31
70 ~ 82.5	1.10	0.32
85 ~ 180	0.97	0.33

根据临界区阻力系数的曲线，采取四阶线性拟合，拟合公式如式(6-1)所示，式中参数 a、b、c、d 和 e 可以通过查询表6-3得到。

$$C_{\mathrm{D}} = aRe^{4} + bRe^{3} + cRe^{2} + dRe + e \tag{6-1}$$

小尺寸划痕索杆参数选择表　　表6-3

风向角 θ(°)	待定参数				
	a	b	c	d	e
$0 \leqslant \theta < 50$	6.4×10^{-5}	−0.0078	0.35	−6.7	49
$50 \leqslant \theta \leqslant 60$	1.4×10^{-5}	−0.0015	0.059	−1.0	7.4
62.5	2.3×10^{-5}	−0.0021	0.068	−0.96	6.1
65	-3.7×10^{-5}	0.0044	−0.19	3.5	−22
67.5	-1.6×10^{-5}	0.0019	−0.081	1.4	−7.7
$70 \leqslant \theta \leqslant 82.5$	-1.6×10^{-5}	0.0019	−0.085	1.6	−9.1
$82.5 < \theta < 180$	1.9×10^{-5}	−0.0023	0.098	−1.8	13

根据上述拟合结果，可以得到每个风向角范围内的阻力系数与雷诺数的函数关系式。这样，针对小尺寸划痕索杆，给出任意雷诺数和风向角，就可以相对方便地获得阻力系数。例如，风向角0° ~ 50°和62.5°的拟合结果如图6-4所示。

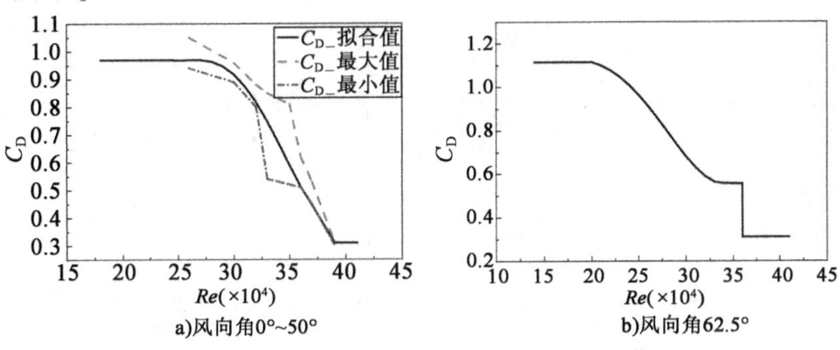

图6-4　小尺寸划痕索杆在典型风向角下的阻力系数拟合图

6.1.2 中尺寸划痕索杆

(1)阻力系数的变化规律

图6-5和图6-6为中尺寸划痕索杆的阻力系数随雷诺数的变化曲线,变化规律与小尺寸划痕索杆非常相似。

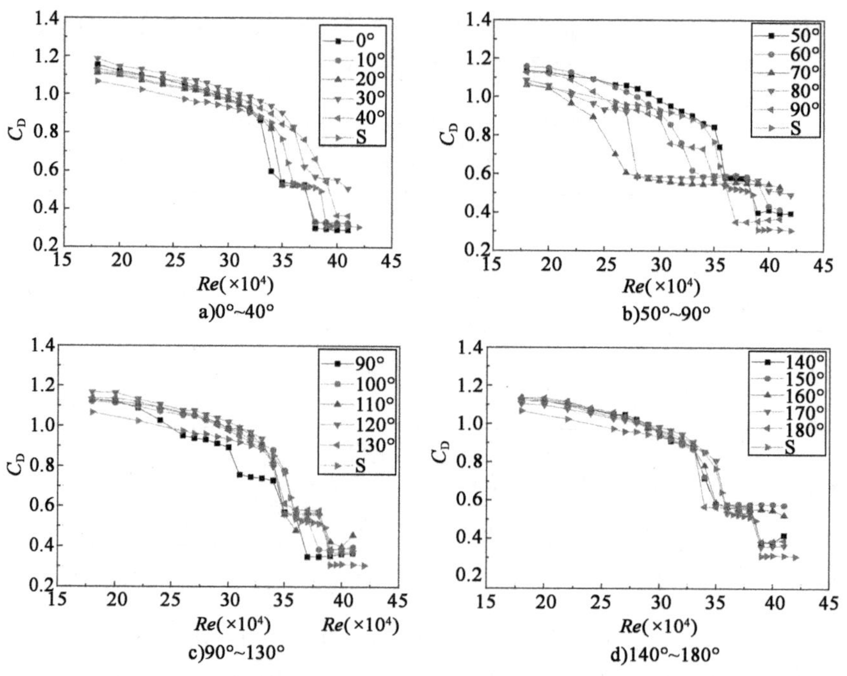

图6-5 中尺寸划痕索杆阻力系数随雷诺数的变化曲线(间隔10°)

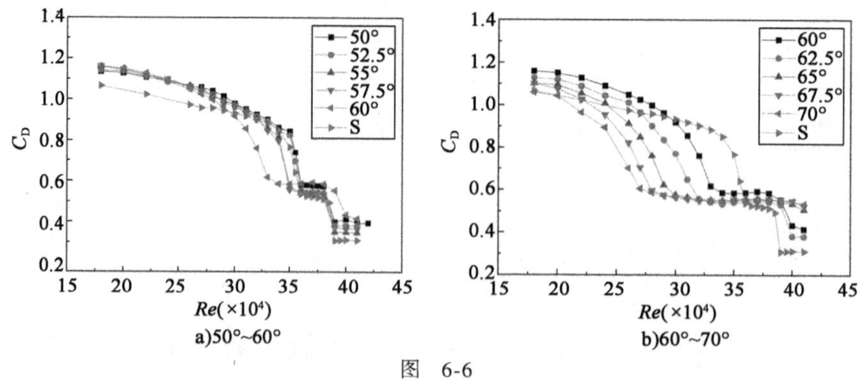

图 6-6

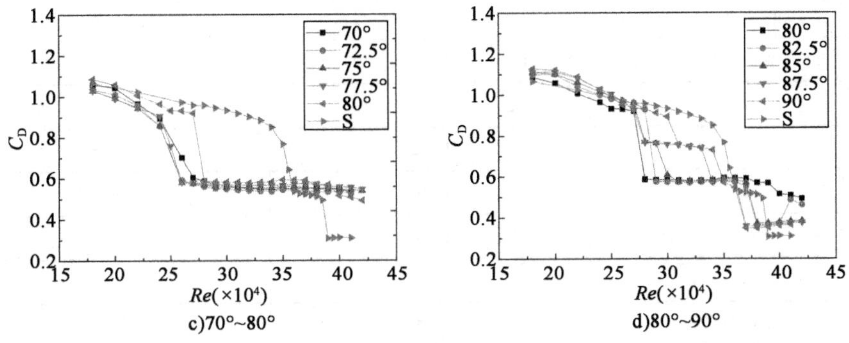

c)70°~80°　d)80°~90°

图6-6　中尺寸划痕索杆阻力系数随雷诺数的变化曲线(间隔2.5°)

(2)阻力系数的拟合结果

参照小尺寸划痕索杆阻力系数的拟合结果,现给出关于中尺寸划痕索杆的结果。表6-4为中尺寸划痕索杆的雷诺数分区,表6-5为中尺寸划痕索杆在亚临界区和超临界区的阻力系数。表6-6则给出了索杆临界区阻力系数的拟合参数(即 a、b、c、d 和 e)结果。

中尺寸划痕索杆的雷诺数分区　　表6-4

风向角 θ (°)	雷诺数分区		
	亚临界区($\times10^4$)	临界区($\times10^4$)	超临界区($\times10^4$)
$0\leqslant\theta<60$	$Re<25$	$25\leqslant Re\leqslant39$	$Re>39$
60	$Re<22$	$22\leqslant Re\leqslant39$	$Re>39$
62.5	$Re<20$	$20\leqslant Re\leqslant39$	$Re>39$
65	$Re<20$	$20\leqslant Re\leqslant41$	$Re>41$
67.5	$Re<20$	$20\leqslant Re\leqslant41$	$Re>41$
$70\leqslant\theta\leqslant77.5$	$Re<18$	$18\leqslant Re\leqslant41$	$Re>41$
$77.5<\theta\leqslant85$	$Re<20$	$20\leqslant Re\leqslant41$	$Re>41$
87.5	$Re<20$	$20\leqslant Re\leqslant37$	$Re>37$
90	$Re<20$	$20\leqslant Re\leqslant36$	$Re>36$
$90<\theta\leqslant180$	$Re<25$	$25\leqslant Re\leqslant38$	$Re>38$

中尺寸划痕索杆阻力系数统计　　表 6-5

风向角 θ(°)	亚临界区	超临界区
$0 \leq \theta < 60$	1.03	0.35
60	1.12	0.42
62.5	1.12	0.38
65	1.10	—
67.5	1.08	—
$70 \leq \theta \leq 77.5$	1.03	—
$77.5 < \theta \leq 85$	1.09	0.38
87.5	1.11	0.36
90	1.12	0.35
$90 < \theta \leq 180$	1.08	0.36

中尺寸划痕索杆参数选择表　　表 6-6

风向角 θ (°)	系数				
	a	b	c	d	e
$0 \leq \theta < 60$	2.5×10^{-5}	-0.0032	0.16	-3.2	26
60	2.0×10^{-5}	-0.0020	0.073	-1.1	6.8
62.5	-4.2×10^{-6}	0.00088	-0.055	1.3	-9.7
65	-3.9×10^{-5}	0.0049	-0.22	4.4	-30
67.5	-3.3×10^{-5}	0.0040	-0.18	3.4	-22
$70 \leq \theta \leq 77.5$	-3.2×10^{-6}	0.00043	-0.018	0.27	-0.06
$77.5 < \theta \leq 85$	-3.1×10^{-5}	0.0039	-0.18	3.5	-24
87.5	-6.6×10^{-5}	0.0074	-0.31	5.7	-36.8
90	-7.0×10^{-6}	0.00068	-0.025	0.39	-0.92
$90 < \theta \leq 180$	1.3×10^{-4}	-0.016	0.75	-15	111

6.1.3　大尺寸划痕索杆

(1)阻力系数的变化规律

图 6-7 和图 6-8 为大尺寸划痕索杆的阻力系数随雷诺数的变化曲线，变化规律与小尺寸和中尺寸划痕索杆非常接近。

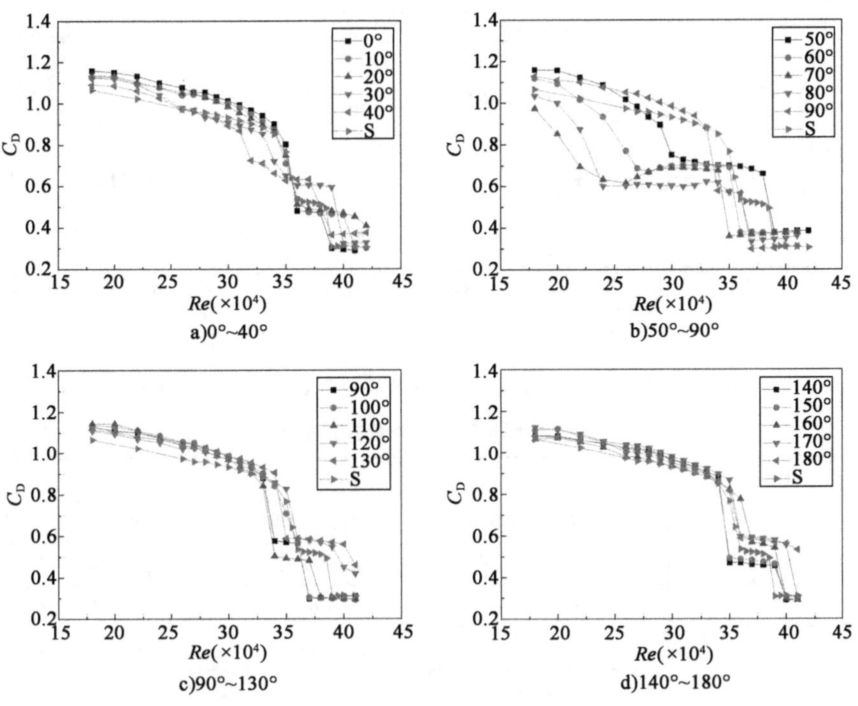

a)0°~40°　b)50°~90°

c)90°~130°　d)140°~180°

图 6-7 大尺寸划痕索杆阻力系数随雷诺数的变化曲线(间隔 10°)

(2)阻力系数的拟合结果

现给出大尺寸划痕索杆的相关拟合结果。表 6-7 为大尺寸划痕索杆的雷诺数分区,表 6-8 为大尺寸划痕索杆在亚临界区和超临界区的阻力系数。表 6-9给出了索杆临界区阻力系数拟合参数(即 a、b、c、d 和 e)结果。

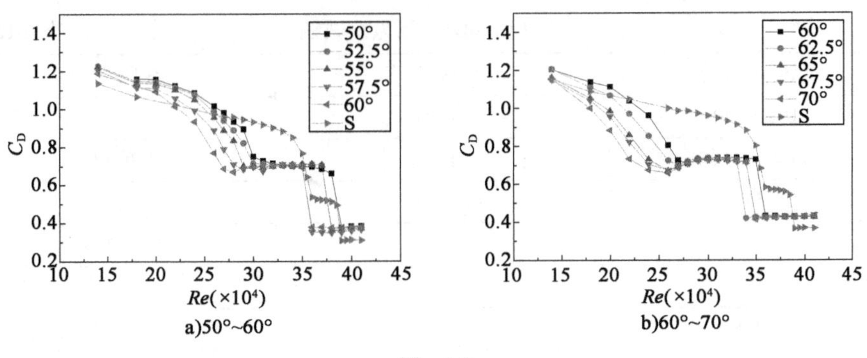

a)50°~60°　b)60°~70°

图 6-8

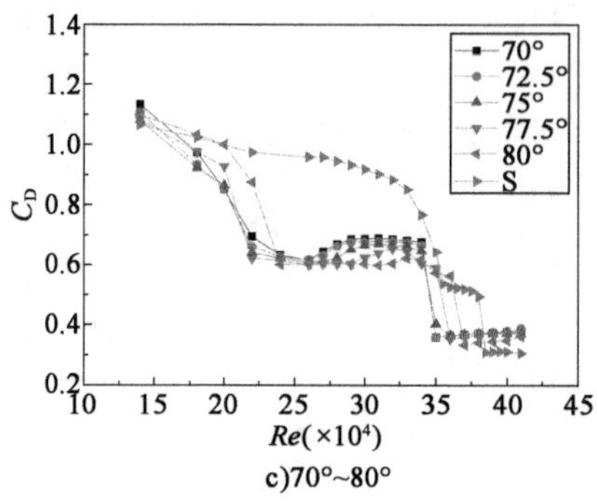

c)70°~80°

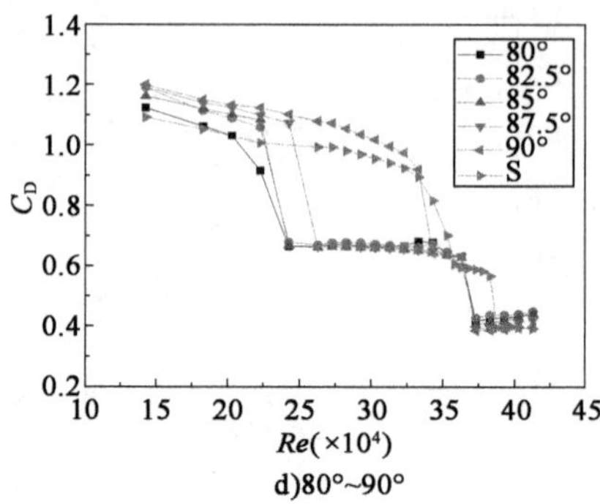

d)80°~90°

图 6-8　大尺寸划痕索杆阻力系数随雷诺数的变化曲线(间隔 2.5°)

大尺寸划痕索杆的雷诺数分区　　表 6-7

风向角 θ (°)	雷诺数分区		
	亚临界区($\times 10^4$)	临界区($\times 10^4$)	超临界区($\times 10^4$)
$0 \leqslant \theta \leqslant 40$	$Re < 25$	$25 \leqslant Re \leqslant 37$	$Re > 37$
$40 < \theta \leqslant 52.5$	$Re < 20$	$20 \leqslant Re \leqslant 38$	$Re > 38$
55	$Re < 20$	$20 \leqslant Re \leqslant 37$	$Re > 37$
57.5	$Re < 20$	$20 \leqslant Re \leqslant 35$	$Re > 35$
60	$Re < 18$	$18 \leqslant Re \leqslant 35$	$Re > 35$
62.5	$Re < 14$	$14 \leqslant Re \leqslant 33$	$Re > 33$
$65 < \theta \leqslant 67.5$	$Re < 14$	$14 \leqslant Re \leqslant 34$	$Re > 34$
$67.5 < \theta \leqslant 85$	$Re < 14$	$14 \leqslant Re \leqslant 34$	$Re > 34$
87.5	$Re < 22$	$22 \leqslant Re \leqslant 36$	$Re > 36$
$87.5 < \theta \leqslant 180$	$Re < 25$	$25 \leqslant Re \leqslant 38$	$Re > 38$

大尺寸划痕索杆阻力系数统计　　表 6-8

风向角 θ(°)	亚 临 界 区	超 临 界 区
$0 \leqslant \theta \leqslant 40$	1.04	0.32
$40 < \theta \leqslant 52.5$	1.14	0.38
55	1.13	0.36
57.5	1.11	0.35
60	1.10	0.37
62.5	1.09	0.37
$65 < \theta \leqslant 67.5$	1.14	0.37

续上表

风向角 θ(°)	亚临界区	超临界区
$67.5<\theta\leq85$	1.12	0.36
87.5	1.07	0.31
$87.5<\theta\leq180$	1.06	0.30

大尺寸划痕索杆参数选择表 表6-9

风向角 θ (°)	系数				
	a	b	c	d	e
$0\leq\theta\leq40$	1.623×10^{-5}	-0.002389	0.12340	-2.727	23.04
$40<\theta\leq52.5$	-3.373×10^{-5}	0.004074	-0.18160	3.499	-23.43
55	-4.954×10^{-5}	0.005958	-0.26250	4.987	-33.35
57.5	-7.160×10^{-5}	0.008253	-0.34950	6.407	-41.81
60	-6.211×10^{-5}	0.006818	-0.27370	4.724	-28.49
62.5	-2.052×10^{-5}	0.002195	-0.08367	1.311	-6.00
$65<\theta\leq67.5$	-3.990×10^{-5}	0.003938	-0.13960	2.070	-9.75
$67.5<\theta\leq85$	-4.070×10^{-5}	0.004055	-0.14510	2.173	-10.42
87.5	1.090×10^{-5}	0.012190	-0.50010	8.865	-56.12
$87.5<\theta\leq180$	9.912×10^{-5}	-0.012400	0.57300	11.620	88.40

6.1.4 切面索杆

(1)阻力系数的变化规律

图6-9和图6-10为切面索杆的阻力系数随雷诺数的变化曲线,在0°~40°和90°~180°风向范围内,不同风向角下阻力系数随雷诺数的变化曲线非常接近。因此,仍然对50°~90°范围的风向角进行了加密研究。

结果表明,在50°~85°范围内,临界雷诺数随着风向角增加逐渐减小,即提前进入临界区,单分离泡区的起始雷诺数和结束雷诺数均减小,但持续的雷诺数范围更宽。当风向角增大到85°时,临界雷诺数最小,单分离泡区范围最宽。与三种尺寸的划痕模型不同的是,临界区提前的风向角范围更大。在80°~90°范围内,临界区的提前程度逐渐减小,在90°~180°范围内,阻力系数随雷诺数的变化曲线已经接近光滑索杆的结果。

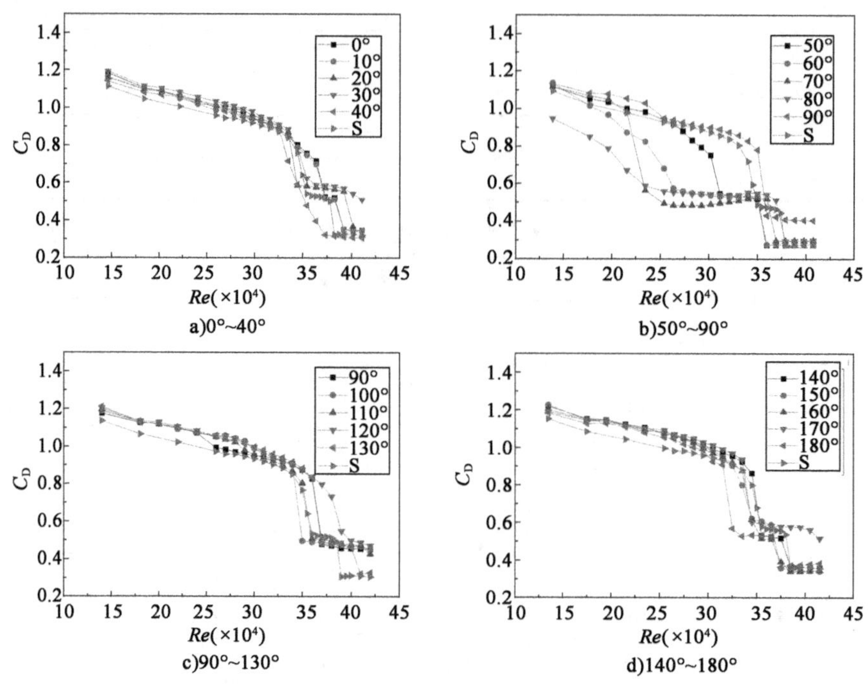

图 6-9　切面模型阻力系数随雷诺数的变化曲线（间隔 10°）

（2）阻力系数的拟合结果

现给出关于切面索杆的拟合结果。表 6-10 为切面索杆的雷诺数分区，表 6-11 给出了切面索杆在亚临界区和超临界区的阻力系数，表 6-12 给出了索杆临界区阻力系数拟合参数（即 a、b、c、d 和 e）结果。

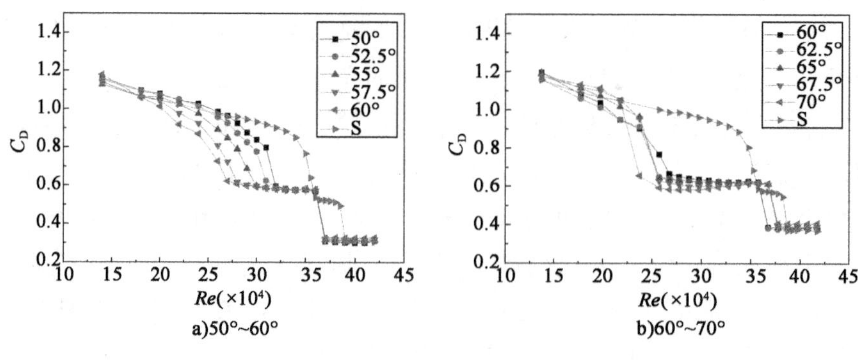

图　6-10

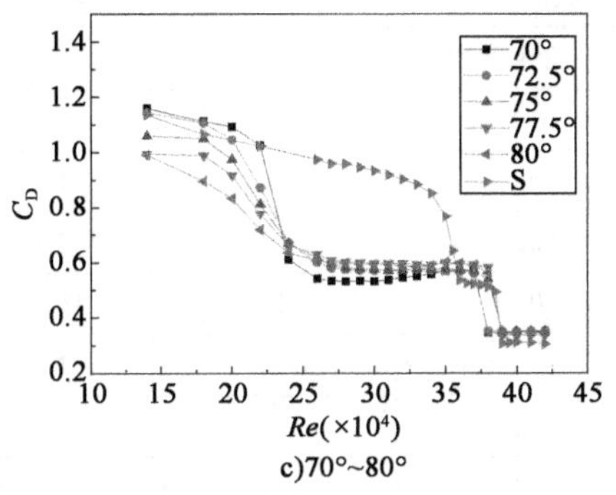

c)70°~80°

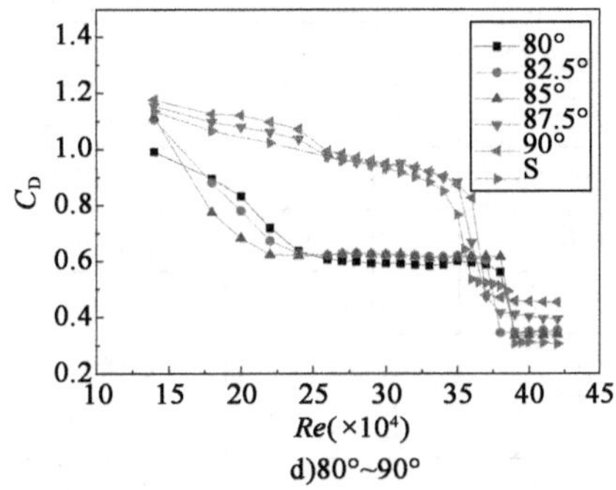

d)80°~90°

图 6-10 切面模型阻力系数随雷诺数的变化曲线(间隔 2.5°)

切面斜拉索的雷诺数分区 表 6-10

风向角 θ (°)	雷诺数分区		
	亚临界区($\times10^4$)	临界区($\times10^4$)	超临界区($\times10^4$)
$0\leqslant\theta<50$	$Re<25$	$25\leqslant Re\leqslant38$	$Re>38$
50	$Re<24$	$24\leqslant Re\leqslant36$	$Re>36$
52.5	$Re<22$	$22\leqslant Re\leqslant36$	$Re>36$
55	$Re<20$	$20\leqslant Re\leqslant36$	$Re>36$
57.5	$Re<18$	$18\leqslant Re\leqslant36$	$Re>36$
$60\leqslant\theta<70$	$Re<18$	$18\leqslant Re\leqslant38$	$Re>38$
$70\leqslant\theta\leqslant85$	$Re<18$	$18\leqslant Re\leqslant38$	$Re>38$
$85<\theta\leqslant180$	$Re<25$	$24\leqslant Re\leqslant37$	$Re>37$

切面斜拉索阻力系数统计 表 6-11

风向角 θ(°)	亚 临 界 区	超 临 界 区
$0\leqslant\theta<50$	1.06	0.30
50	1.06	0.30
52.5	1.05	0.30
55	1.06	0.30
57.5	1.06	0.30
$60\leqslant\theta<70$	1.07	0.31
$70\leqslant\theta\leqslant85$	0.97	0.35
$85<\theta\leqslant180$	1.07	0.30

切面斜拉索参数选择表　　表 6-12

风向角 θ (°)	待定参数				
	a	b	c	d	e
$0 \leqslant \theta < 50$	7.9×10^{-5}	-0.010	0.46	-9.4	71.78
50	1.2×10^{-4}	-0.014	0.58	-10	73.61
52.5	4.0×10^{-5}	-0.0040	0.15	-2.3	14.04
55	-5.6×10^{-6}	0.0011	-0.064	1.4	-10.09
57.5	-2.6×10^{-5}	0.0031	-0.13	2.5	-15.13
$60 \leqslant \theta < 70$	-6.6×10^{-5}	0.0073	-0.30	5.1	-31.48
$70 \leqslant \theta \leqslant 85$	-2.3×10^{-5}	0.0024	-0.091	1.4	-6.75
$85 < \theta \leqslant 180$	4.8×10^{-6}	-0.0010	0.062	-1.5	14.11

6.2　截面形状畸变索杆的气动力

6.2.1　长短轴之比为 1.05 的椭圆索杆

本节以三种微椭圆截面柱体来模拟截面形状畸变索杆，三个模型长短轴之比分别为 1.05、1.10 和 1.15，其中短轴长度相同，均为 120mm。三个椭圆柱体模型的截面形状及几何尺寸如图 6-11 所示。

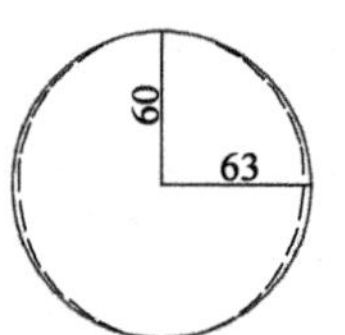

a)长短轴之比为1.05

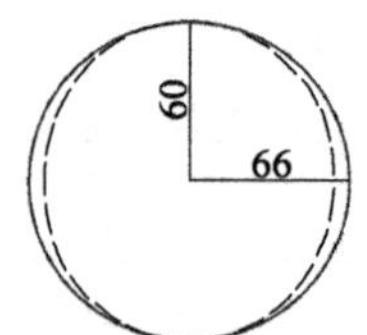

b)长短轴之比为1.10

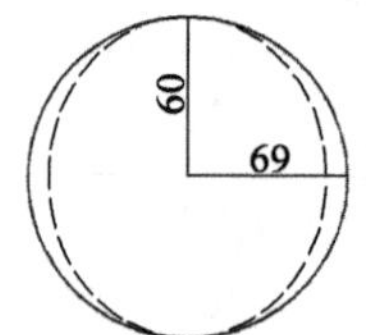

c)长短轴之比为1.15

图 6-11　椭圆模型截面尺寸图(尺寸单位：mm)

图 6-12 为长短轴之比为 1.05 的椭圆索杆的阻力系数随雷诺数的变化规律。在任一风向角下，随着雷诺数的增大，平均阻力系数都逐渐减小。当风向角从 0°增大到 90°，试验雷诺数范围内的平均阻力系数最大值($Re = 1 \times 10^5$)从 1.06 逐渐增大到 1.42。当风向角小于 50°时，标准索杆的阻力系数大于长短轴之比为 1.05 的索杆的结果。随着阻力系数的增加，当风向角大

于50°时,长短轴之比为1.05的索杆的阻力系数开始超过标准索杆的阻力系数。当风向角达到90°时,即截面长轴垂直于迎风面时,平均阻力系数达到最大值1.42。在0°~60°范围内,与标准索杆相比,椭圆索杆均更早进入临界区,而且随着风向角增大,提前趋势越不明显。当风向角为0°时,临界区提前最显著;当风向角大于60°之后,长短轴之比为1.05的索杆的临界区滞后于标准索杆。

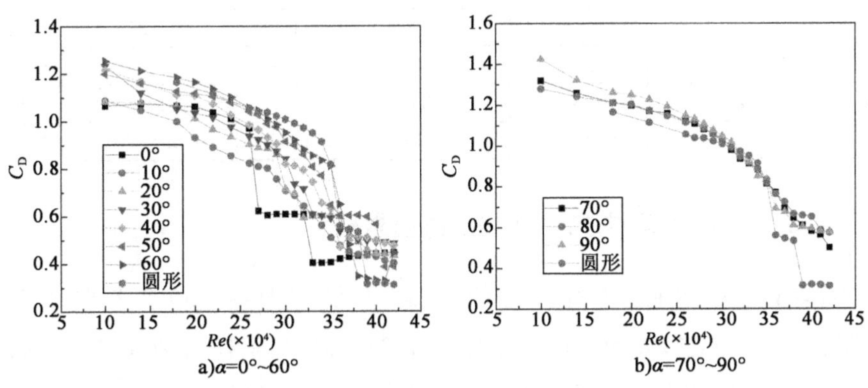

图6-12 长短轴之比为1.05的椭圆索杆在风向角(0°~90°)下的阻力系数的变化趋势

按照前面的方法,针对风向角进行分区,并进行阻力系数曲线的拟合,相关结果见表6-13~表6-15。

长短轴之比为1.05的椭圆索杆的雷诺数分区 表6-13

雷诺数分区	风向角 α(°)				
	$0 \leq \alpha \leq 15$	$20 \leq \alpha \leq 30$	$35 \leq \alpha \leq 45$	$50 \leq \alpha \leq 70$	$75 \leq \alpha \leq 90$
亚临界区($\times 10^5$)	$Re < 2.4$	$Re < 2.4$	$Re < 1.8$	$Re < 2.0$	$Re < 1.8$
临界区($\times 10^5$)	$2.4 \leq Re \leq 3.7$	$2.4 \leq Re \leq 3.8$	$1.8 \leq Re \leq 3.6$	$2.0 \leq Re \leq 3.8$	$1.8 \leq Re \leq 3.8$
超临界区($\times 10^5$)	$Re > 3.7$	$Re > 3.8$	$Re > 3.6$	$Re > 3.8$	$Re > 3.8$

长短轴之比为1.05的椭圆索杆在不同风向角下的阻力系数统计表 表6-14

雷诺数分区	风向角 α(°)									
	$0 \leq \alpha \leq 15$		$20 \leq \alpha \leq 30$		$35 \leq \alpha \leq 45$		$50 \leq \alpha \leq 70$		$75 \leq \alpha \leq 90$	
	C_{Dmax}	C_{Dmin}	C_{Dmax}	C_{Dmin}	C_{Dmax}	C_{Dmin}	C_{Dmax}	C_{Dmin}	C_{Dmax}	C_{Dmin}
亚临界区	1.13	1.07	1.23	1.08	1.28	1.13	1.33	1.20	1.42	1.18
超临界区	0.45	0.39	0.50	0.40	0.52	0.42	0.61	0.34	0.68	0.58

长短轴之比为 1.05 的椭圆索杆待定系数表　　表 6-15

风向角 α(°)	区间范围	a	b	c	d	e
0≤α≤15	最大值	3.166×10^{-6}	−0.000275	0.00735	−0.0814	1.44
	最小值	2.181×10^{-6}	−0.000158	0.00292	−0.0225	1.14
20≤α≤30	最大值	6.191×10^{-6}	−0.000628	0.02197	−0.3312	2.92
	最小值	7.013×10^{-6}	−0.000699	0.02347	−0.3272	2.70
35≤α≤45	最大值	5.686×10^{-6}	−0.000567	0.01923	−0.2817	2.69
	最小值	7.013×10^{-6}	−0.000699	0.02347	−0.3272	2.70
50≤α≤70	最大值	2.642×10^{-6}	−0.000306	0.01158	−0.1827	2.33
	最小值	7.182×10^{-6}	−0.000746	0.02608	−0.3773	3.06
75≤α≤90	最大值	2.695×10^{-6}	−0.000307	0.01172	−0.1952	2.50
	最小值	3.639×10^{-6}	−0.000388	0.01336	−0.1849	2.06

6.2.2　长短轴之比为 1.10 的椭圆索杆

图 6-13 为长短轴之比为 1.10 的椭圆索杆的阻力系数随雷诺数的变化规律。阻力系数变化趋势和长短轴之比为 1.05 的椭圆索杆大致一致，具有以下规律：随着雷诺数的增大，每一风向角下的阻力系数都逐渐减小；长短轴之比为 1.10 的椭圆索杆阻力系数最大值($Re=0.9\times10^5$ 时)随着风向角的增加而增大，从 1.04 增加到 1.67；当风向角小于 50°时，标准索杆的阻力系数始终大于长短轴之比为 1.10 的椭圆索杆的阻力系数；当风向角大于 50°时，随着风向角的增加，椭圆索杆的阻力系数更大；当风向角小于 60°时，临界区会提前出现，风向角越小，提前越明显；当风向角大于 60°时，椭圆索杆则滞后于标准索杆。

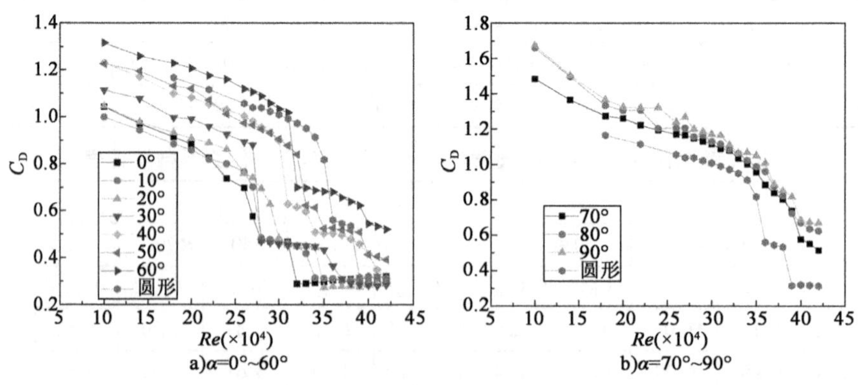

图 6-13　长短轴之比为 1.10 的椭圆索杆在风向角(0°~90°)下的阻力系数的变化趋势

针对风向角进行分区，并进行阻力系数曲线的拟合，相关拟合结果见表6-16～表6-18。

长短轴之比为1.10的椭圆索杆的雷诺数分区　　表6-16

雷诺数分区	风向角 α(°)			
	0≤α≤5	10≤α≤30	35≤α≤60	65≤α≤90
亚临界区（$\times10^5$）	$Re<2.0$	$Re<2.4$	$Re<2.4$	$Re<2.0$
临界区（$\times10^5$）	$2.0\leq Re\leq3.1$	$2.4\leq Re\leq3.4$	$2.4\leq Re\leq3.9$	$2.0\leq Re\leq3.9$
超临界区（$\times10^5$）	$Re>3.1$	$Re>3.4$	$Re>3.9$	$Re>3.9$

长短轴之比为1.10的椭圆索杆在不同风向角下的阻力系数统计表　表6-17

雷诺数分区	风向角 α(°)							
	0≤α≤5		10≤α≤30		35≤α≤60		65≤α≤90	
	C_{Dmax}	C_{Dmin}	C_{Dmax}	C_{Dmin}	C_{Dmax}	C_{Dmin}	C_{Dmax}	C_{Dmin}
亚临界区	1.04	1.00	1.11	1.00	1.39	1.09	1.67	1.37
超临界区	0.29	0.28	0.43	0.27	0.54	0.29	0.68	0.58

长短轴之比为1.10的椭圆索杆待定系数表　　表6-18

风向角 α(°)	区间范围	a	b	c	d	e
0≤α≤5	最大值	3.951×10^{-6}	−0.000317	0.00780	−0.0845	1.37
	最小值	1.355×10^{-6}	−0.000457	−0.00210	0.0623	0.61
10≤α≤30	最大值	4.271×10^{-6}	−0.000366	0.00976	−0.1107	1.56
	最小值	9.988×10^{-7}	−0.000249	−0.00230	0.0584	0.64
35≤α≤60	最大值	6.901×10^{-6}	−0.000705	0.02465	−0.3663	3.23
	最小值	5.03×10^{-6}	−0.000441	0.01201	−0.1286	1.55
65≤α≤90	最大值	1.703×10^{-6}	−0.000244	0.01124	−0.2257	3.04
	最小值	-7.106×10^{-7}	0.000019	0.00061	−0.0355	1.66

6.2.3　长短轴之比为1.15的椭圆索杆

图6-14为长短轴之比为1.15的椭圆索杆的阻力系数随雷诺数的变化规律，总体规律与前述两种椭圆索杆的结果类似，但是在相同风向角下的阻力系数更大。

针对风向角进行分区，并进行阻力系数曲线的拟合，相关拟合结果见表6-19～表6-21。

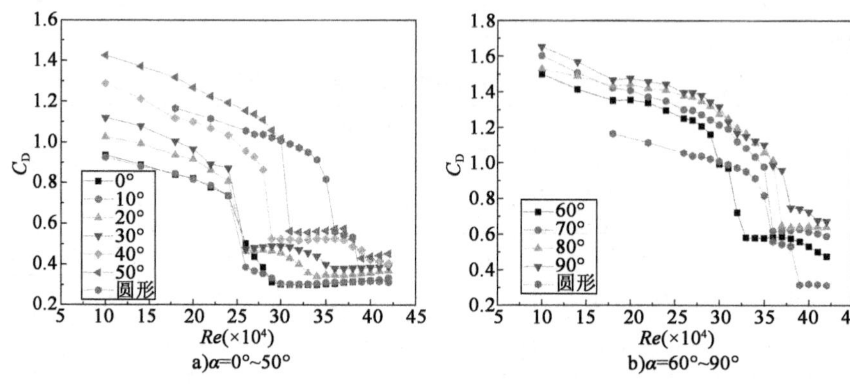

图 6-14　长短轴之比为 1.15 的椭圆索杆在风向角(0° ~90°)下的阻力系数的变化趋势

长短轴之比为 1.15 的椭圆索杆的雷诺数分区　表 6-19

雷诺数分区	风向角 α(°)				
	$0\leqslant\alpha\leqslant10$	$15\leqslant\alpha\leqslant30$	$35\leqslant\alpha\leqslant45$	$50\leqslant\alpha\leqslant65$	$70\leqslant\alpha\leqslant90$
亚临界区($\times10^4$)	$Re<2.0$	$Re<2.0$	$Re<1.8$	$Re<2.0$	$Re<2.2$
临界区($\times10^4$)	$2.0\leqslant Re\leqslant2.9$	$2.1\leqslant Re\leqslant3.4$	$1.8\leqslant Re\leqslant3.9$	$2.0\leqslant Re\leqslant3.9$	$2.2\leqslant Re\leqslant3.8$
超临界区($\times10^4$)	$Re>2.9$	$Re>3.4$	$Re>3.9$	$Re>3.9$	$Re>3.8$

长短轴之比为 1.15 的椭圆索杆在不同风向角下的阻力系数统计表　表 6-20

雷诺数分区	风向角 α(°)									
	$0\leqslant\alpha\leqslant10$		$15\leqslant\alpha\leqslant30$		$35\leqslant\alpha\leqslant45$		$50\leqslant\alpha\leqslant65$		$70\leqslant\alpha\leqslant90$	
	C_{Dmax}	C_{Dmin}	C_{Dmax}	C_{Dmin}	C_{Dmax}	C_{Dmin}	C_{Dmax}	C_{Dmin}	C_{Dmax}	C_{Dmin}
亚临界区	0.95	0.93	1.20	1.03	1.29	1.21	1.53	1.44	1.68	1.53
超临界区	0.31	0.29	0.40	0.35	0.45	0.41	0.57	0.45	0.89	0.64

长短轴之比为 1.15 的椭圆索杆待定系数表　表 6-21

风向角 α(°)	区间范围	a	b	c	d	e
$0\leqslant\alpha\leqslant10$	最大值	-3.823×10^{-6}	0.0005	-0.0223	0.363	-0.957
	最小值	-6.48×10^{-6}	0.0008	-0.0320	0.503	-1.652
$15\leqslant\alpha\leqslant30$	最大值	-5.003×10^{-6}	0.0006	-0.0252	0.390	-0.841
	最小值	-3.523×10^{-6}	0.0005	-0.0207	0.335	-0.719
$35\leqslant\alpha\leqslant45$	最大值	3.702×10^{-7}	0.0001	-0.0063	0.131	0.501
	最小值	-2.607×10^{-6}	0.0003	-0.0156	0.249	-0.065

续上表

风向角 α(°)	区间范围	a	b	c	d	e
50≤α≤65	最大值	1.452×10^{-5}	-0.0015	0.0533	-0.785	5.445
	最小值	1.129×10^{-5}	-0.0011	0.0365	-0.504	3.827
70≤α≤90	最大值	3.975×10^{-6}	-0.0004	0.0167	-0.270	3.132
	最小值	8.185×10^{-6}	-0.0009	0.0322	-0.482	3.965

综上所述,在相同风向角下,三种椭圆索杆的平均阻力系数均是随着雷诺数的增大而逐渐减小,而当雷诺数相同时,三种椭圆索杆的平均阻力系数则随着风向角的增大而逐渐增大通过上面的雷诺数分区和拟合系数,即可针对工程中出现的微椭圆截面的细长圆柱结构和索杆结构,进行气动力系数的计算。

第 7 章　降雨环境下斜拉索的气动力特性

我国大跨度桥梁通常建在东南沿海大江大河的入海口或连岛工程上，而这些区域又是台风经常经过的地方，强风暴雨天气经常出现，因此有必要研究降雨环境下索杆结构的气动力。

7.1　降雨基本特征

不论是模拟降雨而进行的试验研究，还是分析降雨对结构的作用，首先要掌握天然降雨的特征和参数资料，天然降雨的主要参数包括：降雨量和降雨强度、雨滴直径大小、雨滴的终点速度、雨滴谱等。

7.1.1　降雨量和降雨强度

降雨量和降雨强度是降雨的重要特征。降雨量有月、年、过程降雨量等。降雨强度通常用 I 表示，其单位有 mm/24h、mm/h、mm/min 等。小雨的降雨强度 $I<5$mm/h，广延型中雨 5mm/h $<I<$ 25mm/h，暴雨 $I>25$mm/h，而本书主要研究的是特大暴雨。根据文献，全国 31 个省会以上城市、60 个地市、14 个县市总计 105 个气象台站 1975—1984 年 10 年间（上海为 1967—1974 年 8 年间）统计的 1min 最大降雨强度的前五位见表 7-1。

10 年间全国 1min 最大降雨强度记录（前五位）　　表 7-1

地　点	1min 最大雨强（mm/min）	出现时间（年/月/日）	持续时间（min）
广州（广东）	9.009	1984/06/02	1
海口（海南）	7.636	1979/04/28	1
南平（福建）	6.946	1982/06/13	1
阳江（广东）	6.714	1978/05/31	2
汕头（广东）	6.700	1976/06/04	1

雨滴在高空形成后，在重力、空气阻力和浮力共同作用下加速下落，随着速度的增大，阻力也越来越大，当外力达到平衡后，它的速度也达到终点速度。不同大小的雨滴具有不同的下降速度，大雨滴下降快，在下降过程中碰撞吸收小雨滴，体积逐渐增大，受空气阻力的影响，底部成扁平形。当雨滴直径增大到一定程度时，空气阻力超过了使雨滴保持整体的分子内聚力和表面张力，便破碎分裂成小雨滴。因此实际降雨中，大小不同的雨滴以不同的速度落至地面或结构上。天然降雨的雨滴直径，一般在0.1～6.5mm之间，其中直径小于1.0mm的雨滴占绝大多数。根据降雨强度计算雨滴直径分布的贝斯特(A. B. Best)经验公式如式(7-1)所示。

$$F = 1 - \exp\left[-\left(\frac{d_k}{a}\right)^n\right] \tag{7-1}$$

式中：F——雨滴直径小于或等于 d_k 的雨滴累计体积占总体积的百分数(%)；

d_k——雨滴直径；

n——雨型常数；

a——与降雨强度 I 相关的常数，可按式(7-2)求解。

$$a = 1.30 I^{0.232} \tag{7-2}$$

需指出的是，不同地区、不同种类的降雨，上述公式中的系数是不一样的。取 $n = 2.25$，几种不同降雨强度 $I = 0.8$、6.0、20.0 和 50.0 时 $d\text{-}F$ 曲线如图 7-1 所示。

7.1.2　雨滴的终点速度

比较常用的计算终点速度的公式有修正的沙玉清公式和修正的牛顿公式。当雨滴直径 $d < 1.99$mm 时，采用修正的沙玉清公式，即：

$$V_{\max} = 0.496 anti\log\left[\sqrt{28.320 + 6.524\log 0.1d - (\log 0.1d)^2} - 3.665\right] \tag{7-3}$$

当雨滴直径 $d \geqslant 1.99$mm 时，采用修正的牛顿公式，即：

$$V_{\max} = (17.20 - 0.844d)\sqrt{0.1d} \tag{7-4}$$

按上式计算的不同直径的雨滴终点速度如图 7-2 所示。

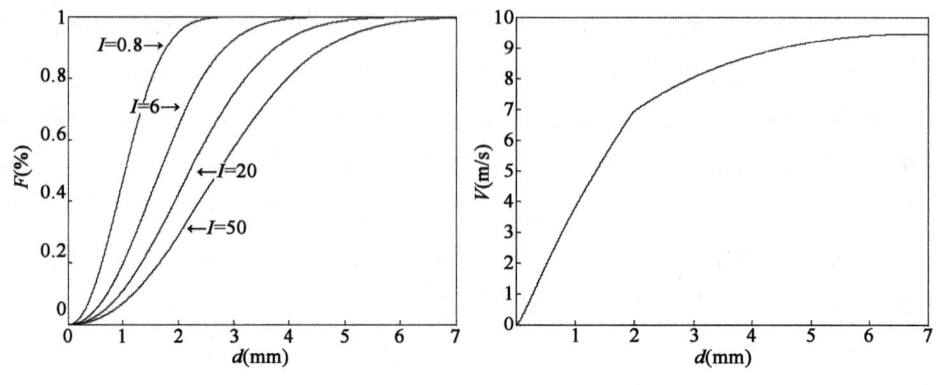

图 7-1 不同降雨强度时的雨滴直径分布　　图 7-2 不同雨滴直径对应的终点速度

7.1.3 雨滴谱

雨滴谱是指对应于不同半径的雨滴个数的分布，常用 Msrshall-Palmer 表达式（简称 M-P 分布）或 Γ 分布表达式。M-P 分布表达式为：

$$\begin{cases} N(d) = N_0 e^{-\lambda d} \\ \lambda = \beta I^{\gamma} \end{cases} \tag{7-5}$$

式中，N_0、λ、β 和 γ 为拟合系数。各物理量的单位分别为 $N(d)$：$m^{-3}mm^{-1}$；N_0：$m^{-3}mm^{-1}$；λ：mm^{-1}；d：mm；I：mm/h。

M-P 系数以及利用 M-P 表达式对广州市 1992 年 6 月下旬至 10 月中旬 112 天，共 223 场降雨进行系数拟合的结果见表 7-2。选取 3 次降雨，利用表 7-2中广州市降雨的拟合系数计算的雨滴谱如图 7-3 所示。

M-P 系数和广州市 223 场降雨雨滴谱拟合系数　　表 7-2

降雨类型	目标物理量	$N_0(m^{-3}mm^{-1})$	$B(mm^{-1})$	γ
暴雨	M-P 值	8000	4.1	-0.21
	拟合值	6183.9	5	-0.26
广延雨	M-P 值	8000	4.1	-0.21
	拟合值	9446.5	4.8	-0.21
小雨	M-P 值	8000	4.1	-0.21
	拟合值	11873.5	4	-0.18

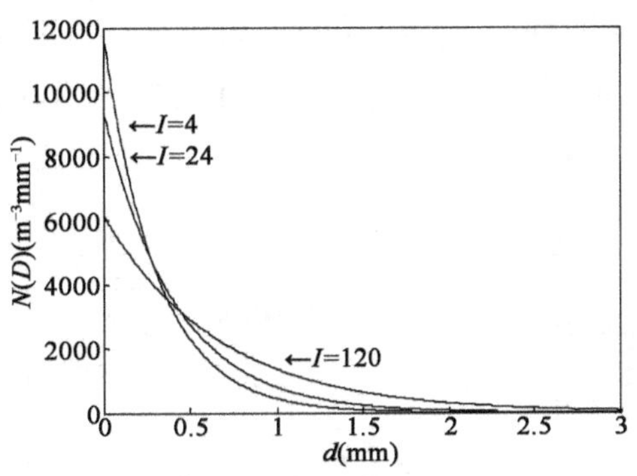

图 7-3 不同降雨类型下的雨滴谱

7.1.4 空气密度变化

降雨中的小雨滴由于自身质量小，所以下降速度很慢，在大风的吹动下，随风飘荡，遇到物体时，可以绕流到尾流区域，而不是冲击在物体表面。对于这一部分小雨滴，因为弥漫在物体周围，因此可以将其质量平均到空气中，利用增大的等效空气密度来评价结构荷载。

降雨中的大雨滴由于惯性力大，在大风的吹动下遇到物体时，撞击物体表面造成冲击力。对于这部分大雨滴，可以认为众多的质点冲击到结构上产生附加荷载。

首先计算单位体积(1m^3)的空气中雨滴的质量。利用上节雨滴谱的M-P分布表达式[式(7-5)]进行计算。假设雨滴为理想球形，直径为 d 的雨滴的质量为：

$$m = \frac{4}{3}\pi\left(\frac{d}{2}\right)^3\rho_w \tag{7-6}$$

式中：ρ_w——雨滴水的密度。

单位体积的空气中直径从 d_1 到 d_2 的雨滴的质量总和为：

$$M = \int_{d_1}^{d_2} N_0 e^{-\lambda d}\frac{4}{3}\pi\left(\frac{d}{2}\right)^3\rho_w dd = -\frac{1}{6}\pi\rho_w N_0\left[e^{-\lambda d}\left(\frac{d^3}{\lambda}+\frac{3d^2}{\lambda^2}+\frac{6d}{\lambda^3}+\frac{6}{\lambda^4}\right)\right]_{d_1}^{d_2} \tag{7-7}$$

量纲为：

$$\rho_w\left[\frac{\text{kg}}{\text{m}^3}\right]N_0\left[\frac{1}{\text{m}^3\,\text{mm}}\right]\frac{d^3}{\lambda}\left[\frac{\text{mm}^3}{\frac{1}{\text{mm}}}\right]=\frac{\text{kg}}{10^9\,\text{m}^3} \tag{7-8}$$

雨滴直径取 $d_1=0.1\text{mm}$、$d_2=7.0\text{mm}$，利用表 7-2 的系数，可以算得暴雨情况下降雨强度和 1m^3 空气中雨滴质量总和的关系，如图 7-4 所示。

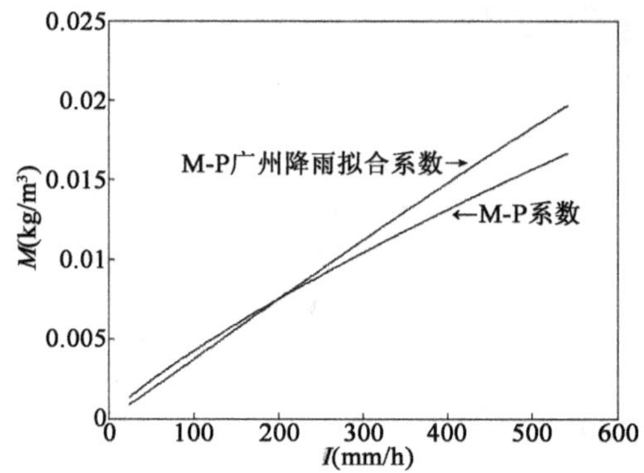

图 7-4　降雨强度和 1m^3 空气中雨滴质量的关系

假设直径小于 1.0mm 的雨滴可以将其质量平均到空气中，利用增大的等效空气密度来评价结构的荷载；直径大于 1.0mm 的雨滴在惯性力的作用下冲击到结构表面，两部分的雨滴质量可以利用总质量和式(7-1)进行计算。

对于广州市 1984 年 6 月的特大暴雨（$I=9.009\text{mm/min}$，折算为 540.54mm/h），按照表 7-2 给出的暴雨条件下 N_0、β、γ 的拟合值计算可得，1m^3 空气中雨滴的总质量为 0.0166kg，直径小于 1.0mm 和大于 1.0mm 的雨滴质量总和分别为 $3.40\times10^{-4}\text{kg}$ 和 0.0163kg。

气温为 30℃，一个标准大气压时空气密度为 1.165kg/m^3，将直径小于 1.0mm的雨滴质量平均到 1m^3 空气中，引起的空气密度增大量仅为 0.03%，即使将雨滴总质量平均到 1m^3 空气中，引起的空气密度增大量仅为 1.40%。另外，降雨时空气湿度增大导致空气密度减小，因此综合考虑，降雨引起的空气密度变化可以忽略不计。

7.1.5　雨滴冲击作用的分析

(1)雨滴水平冲击作用分析

由前文分析可知，在极端大降雨强度情况下，直径小于 1.0mm 的雨滴质量占总质量的比例很小。因此，下面分析雨滴冲击作用时，不去除小雨滴的质量，假设所有的雨滴都冲击到结构表面，并且雨滴撞击到结构表面后速度

为零,根据动量定理有:

$$\int_{t_1}^{t_2} \vec{f}_{\mathrm{R}} \mathrm{d}t = m\vec{V}_2 - m\vec{V}_1 = (t_2 - t_1) |\vec{V}_1| AM\vec{V}_1 \tag{7-9}$$

式中:$\vec{f}_{\mathrm{R}}$——结构对雨滴的冲击力(与雨滴对结构的冲击力大小相等,水平冲击力和竖直冲击力分别用f_{RH}和f_{RV}表示);

m——从时间 t_1 到 t_2 冲击到结构表面上的雨滴总质量;

M——1m^3 空气中雨滴的总质量;

A——迎风面面积;

$\vec{V}_2$——雨滴撞击结构后的速度(假设为零);

$\vec{V}_1$——雨滴撞击结构前的速度。

假设雨滴水平向的运动速度与风速相同,对于正方体结构,迎风面与风向垂直,根据规范可知阻力系数 $C_{\mathrm{D}}=1.2$。假定降雨时阻力系数不变,由风引起的气动阻力为:

$$F_{\mathrm{D}} = \frac{1}{2}\rho_{\mathrm{a}} V^2 C_{\mathrm{D}} A \tag{7-10}$$

取时间为1s,利用式(7-9)和式(7-10)可以计算雨滴冲击引起结构受力的增大量:

$$\Delta = \frac{f_{\mathrm{RH}}}{f_{\mathrm{RH}} + F_{\mathrm{D}}} \times 100\% = \frac{M}{M + \frac{1}{2}\rho_{\mathrm{a}} C_{\mathrm{D}}} \times 100\% \tag{7-11}$$

利用上式可以算得降雨强度与Δ的关系,如图7-5所示。广州市9.009mm/min(540.54mm/h)降雨强度对应Δ=2.73%。

因此,对于工程结构来说,即使是极端大降雨强度时,雨滴对结构的冲击作用与风本身的气动力相比,仍微不足道。而一般的暴雨和特大暴雨,其雨滴的冲击作用更小。

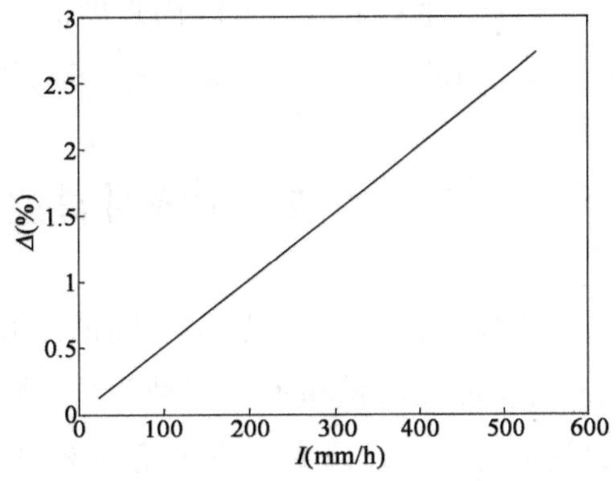

图7-5 降雨强度和Δ的关系

(2)雨滴竖向冲击作用分析

下面分析雨滴以终点速度降落到结构物表面上时产生的冲击作用。

不考虑水平方向风的作用,且结构顶面与水平面平行,面积为单位面积,雨滴以终点速度降落到结构顶面,利用式(7-9)和式(7-5)可得:

$$\int_{t_1}^{t_2}\vec{f}_{\mathrm{RV}}\mathrm{d}t = m\vec{V}_2 - m\vec{V}_1 = (t_2 - t_1)\cdot\int_{d_1}^{d_2}V_{\max}(d)N_0\mathrm{e}^{-\lambda d}\frac{4}{3}\pi\left(\frac{d}{2}\right)^3\rho_{\mathrm{w}}V_{\max}(d)dd \tag{7-12}$$

取 $d_1=0.1\text{mm}$、$d_2=7.0\text{mm}$,利用式(7-3)和式(7-4)计算终点速度,编制积分计算程序计算 f_{RV},得到降雨强度和 f_{RV} 的关系,如图 7-6 所示。9.009mm/min(540.54mm/h)降雨强度对应 $f_{\mathrm{RV}}=1.4\text{N/m}^2$。

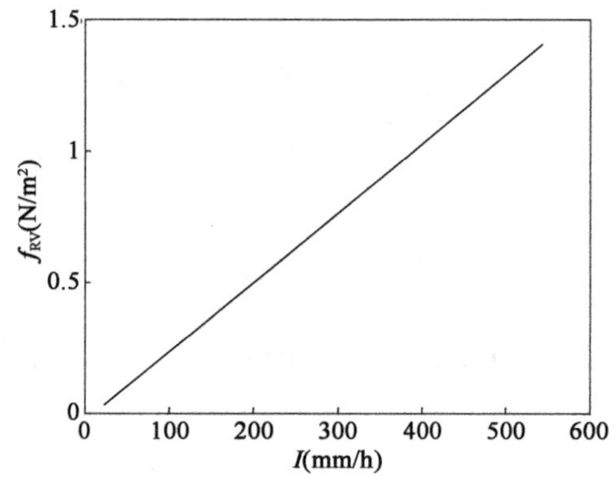

图 7-6 降雨强度和 f_{RV} 的关系

因此,即使是极端大降雨强度的情况时,雨滴以终点速度降落到结构表面,引起的冲击力只有 1Pa 左右,可以忽略不计。

7.2 水膜对斜拉索气动力的影响

风雨振研究中发现,在不同的斜拉索表面,雨水的附着形态存在明显不同,表现为水膜和水线两种形式,本节主要分析斜拉索表面存在水膜时的气动力特性。研究中不考虑结构的三维效应,采用二维模型,且模型水平放置。

7.2.1　湿润状态下光滑斜拉索气动力

降雨对飞机气动力影响的研究发现,雨水附着在憎水性涂层的翼型和附着在亲水性涂层的翼型时,两者的气动力存在明显差异。斜拉索风雨振研究也发现,新出厂的斜拉索不易发生风雨振,风雨振多发生在使用过一段时间的斜拉索上,其原因是新出厂的斜拉索表面具有一定的憎水性。进行斜拉索风雨振风洞试验时,为了重现风雨振现象,往往需要对斜拉索进行烟熏、浸泡等处理,改变其表面憎水性能。因此,研究中考虑了湿润状态对不同表面性能斜拉索气动力的影响。

(1)湿润状态下憎水性斜拉索的气动力

湿润状态下憎水性斜拉索气动力如图 7-7 所示,可见在湿润状态下,光滑表面斜拉索的气动力发生明显改变。在雷诺数低于 1.79×10^5 的试验范围内,阻力系数随雷诺数的增大缓慢减小;超过 1.79×10^5 之后,阻力系数不再随着雷诺数的增大而发生变化。同时,在整个试验雷诺数范围内,并没有明显横风向升力的出现。在湿润状态下,阻力系数最小值为 0.65,比干燥状态下的最小阻力系数 0.29 明显增大,增大了 124%。

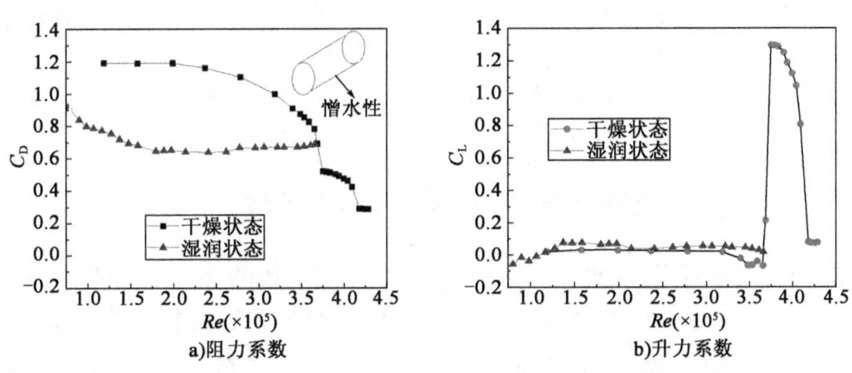

图 7-7　湿润状态对斜拉索气动力的影响(憎水性表面)

(2)湿润状态下亲水性斜拉索的气动力

研究发现,对聚氯乙烯(PVC)进行轻微打磨处理,改其表面的憎水性为亲水性,附着在模型表面的雨水可以以水膜的形式存在。在干燥状态下,处理前后斜拉索阻力系数随雷诺数的变化规律如图 7-8 所示。从图中可以看出，处理前后斜拉索的阻力系数未发生明显改变，足够轻微的打磨对干燥状态下气动力特性的影响可以忽略。

在湿润状态下，不同表面材料性能斜拉索阻力系数随雷诺数的变化规律如图7-9所示。从图7-9可以看出，湿润状态下，不同表面性能的斜拉索阻力系数具有明显差异。在测试的最小雷诺数条件下，憎水性和亲水性斜拉索的最大阻力的变化不是十分明显。在高雷诺数区，两种类型斜拉索气动力的改变十分明显，亲水性表面的最小阻力系数为0.43，而憎水表面对应的值为0.65。表面为憎水性时，斜拉索在 $Re=1.79\times10^5$ 之后，阻力系数不再随雷诺数发生变化；而表面为亲水性时，对应的雷诺数数值为 $Re=2.59\times10^5$。

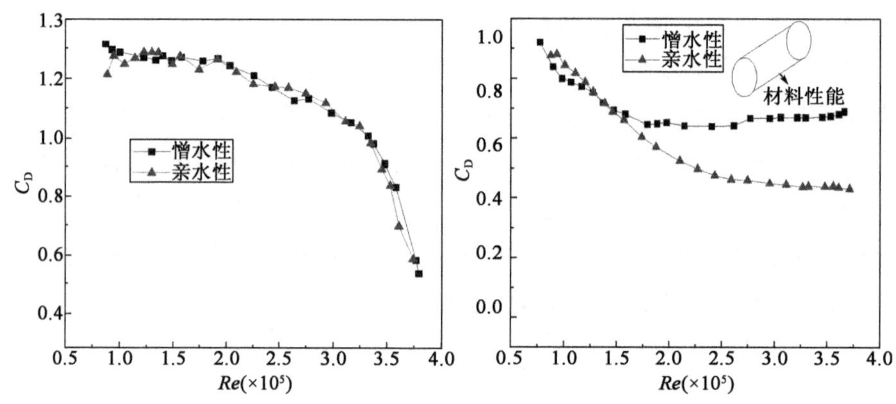

图7-8 干燥状态下不同表面性能斜拉索阻力系数随雷诺数的变化规律

图7-9 湿润状态下不同表面性能斜拉索阻力系数随雷诺数的变化规律

7.2.2 湿润状态下粗糙表面斜拉索阻力系数

湿润状态下粗糙表面斜拉索阻力系数随雷诺数的变化规律如图7-10所示。从图中可以看出，当 $Pa<11.24\mu m$ 时，湿润状态导致斜拉索在较低的雷诺数下阻力系数开始下降，最小阻力系数比干燥状态下有所增大，例如当 $Pa=11.24\mu m$ 时，湿润状态下的最小阻力系数为0.44，而干燥状态下的值为0.31。湿润状态对粗糙度 $Pa=41.06\mu m$ 的斜拉索阻力系数的影响不明显，只是导致相应的雷诺数提前。当斜拉索粗糙度为 $Pa=75.02\mu m$ 时，湿润状态下导致其最小阻力系数有所减小，对阻力下降和最小阻力对应的雷诺数的影响不明显。

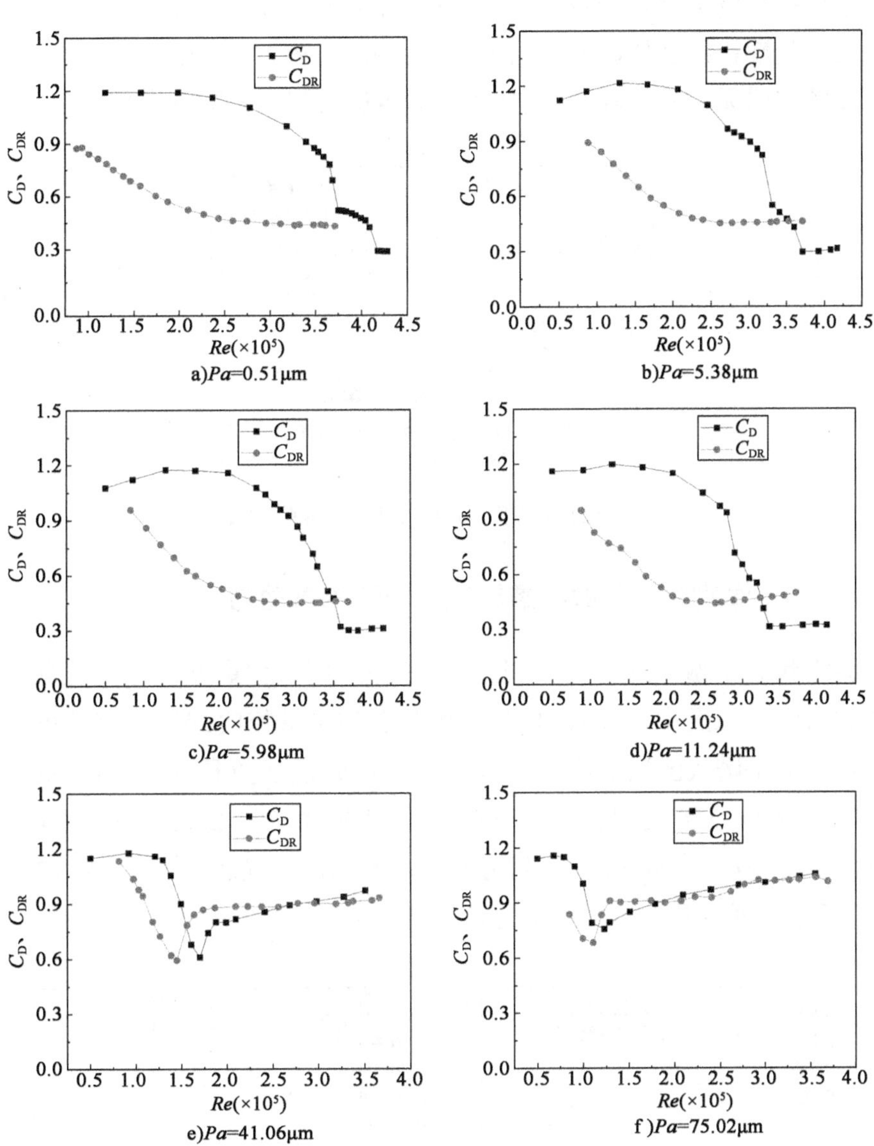

图7-10 湿润状态对表面粗糙斜拉索阻力系数的影响

湿润状态下，斜拉索阻力系数随粗糙度的变化规律如图7-11所示。从图中可以看出，不同表面粗糙度的斜拉索对湿润状态的敏感程度不同。当$Pa<11.24\mu m$时，粗糙度对阻力系数几乎没有影响。这是因为湿润状态下，

斜拉索表面形成了水膜，而水膜的厚度大于粗糙度的轮廓高度，导致水膜的影响大于轮廓粗糙度的影响。当 $Pa = 41.06\mu m$ 和 $75.02\mu m$ 时，附着在斜拉索表面的水膜无法将砂砾淹没，从而轮廓粗糙度起主要影响作用。

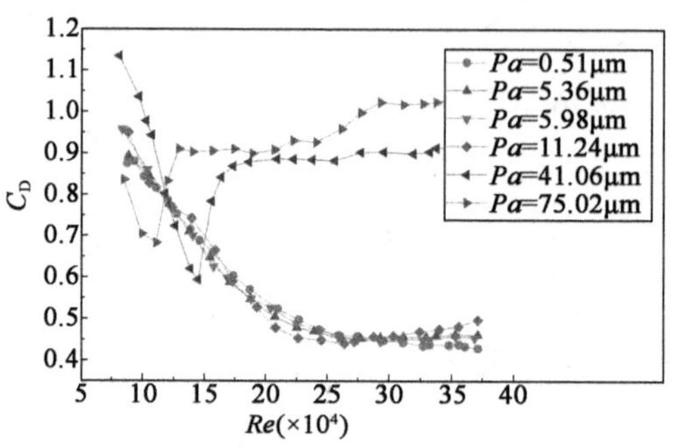

图 7-11　湿润状态下粗糙度对斜拉索阻力系数的影响

7.2.3　湿润状态下缠绕螺旋线斜拉索的气动力

湿润状态下缠绕螺旋线斜拉索的阻力系数随雷诺数的变化规律如图 7-12所示。从图中可以看出，与干燥状态的结果相比，湿润状态的阻力系数在更低的雷诺数区域下降并趋于稳定。以螺旋线直径 $d = 0.89mm$、螺旋线间距 $S = 6D$（D 为模型直径）为例，干燥状态时，$Re = 2.85 \times 10^5$ 的阻力系数开始下降，$Re = 4.24 \times 10^5$ 的阻力系数基本稳定。湿润状态下，$Re = 2.22 \times 10^5$ 之后阻力系数基本不再发生变化。

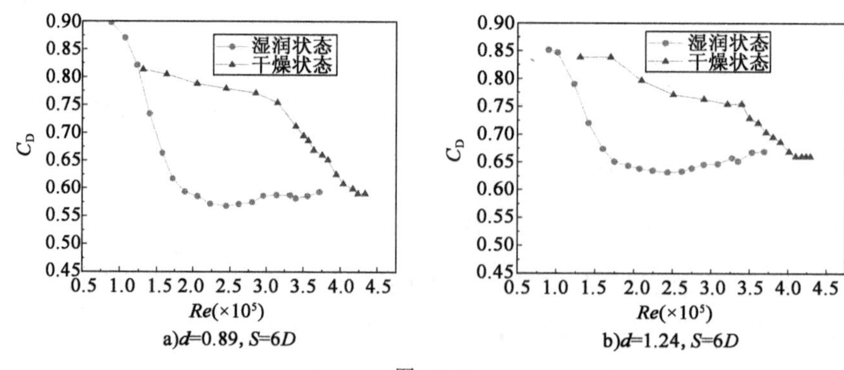

图　7-12

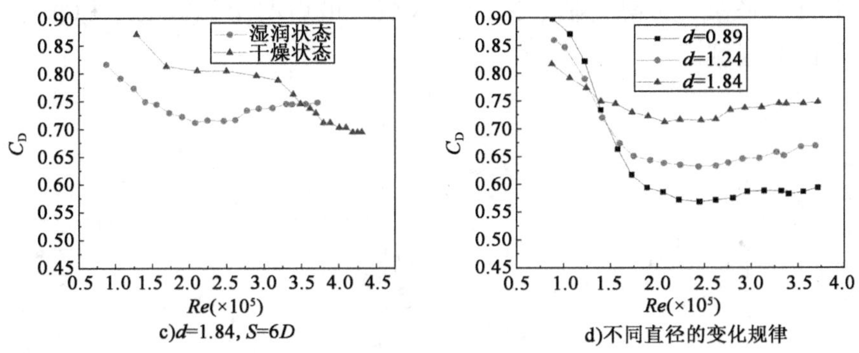

图 7-12　湿润状态下缠绕螺旋线时阻力系数随雷诺数的变化

7.3　水线对斜拉索气动力的影响

人工水线是利用有机塑料加工而成，外形为圆弧形，粘贴在斜拉索的表面。水线的位置用角度 θ 表示，该角度是从前驻点到水线中心顺时针转过的圆心角。水线形状和位置如图 7-13 所示。试验时的流场为均匀流场。

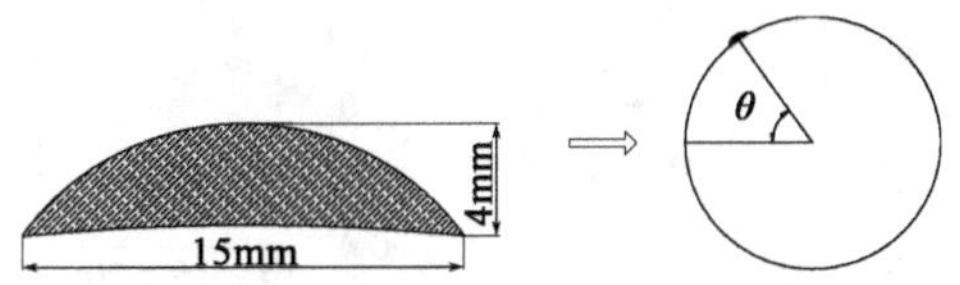

图 7-13　斜拉索模型、水线位置和形状

水线位置 $\theta=10°\sim70°$各工况阻力系数和升力系数随雷诺数的变化如图 7-14所示。

从阻力系数和升力系数随雷诺数的变化规律看，可以将图 7-14 中的结果分成两大类，第一类是从水线位置 $\theta=10°$到 $\theta=30°$，第二类是其后的各个水线位置。

在第一类水线位置各工况中，阻力系数随雷诺数升高的变化规律为平稳—下降—平稳—下降—平稳，升力系数对应的变化规律为平稳—上升—平稳—下降—平稳。参考光滑表面圆柱体气动力系数的变化规律，可以判断两个系数的第一个平稳段为亚临界雷诺数区域。随着阻力系数的下降和升力系数的上升，进入临界雷诺数区域。阻力系数的下降—平稳—下降和升力系数的上升—平稳—下降为临界雷诺数区域。最后两个系数的平稳状态为超临界雷诺数区域。

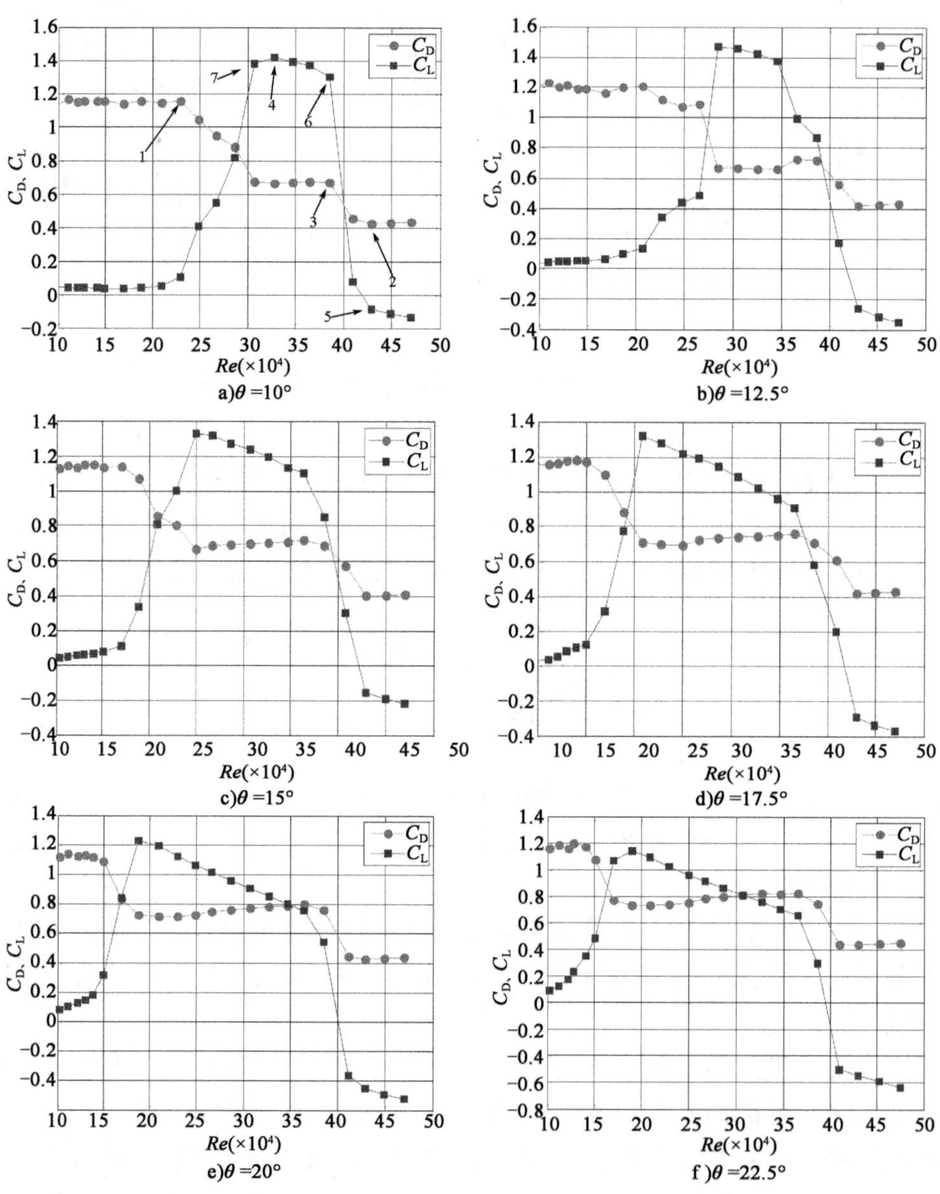

图 7-14

C_D
C_L
C_D、C_L
$Re(\times 10^4)$
g)θ=25°
h)θ=27.5°
i)θ=30°
j)θ=32.5°
k)θ=35°
l)θ=37.5°

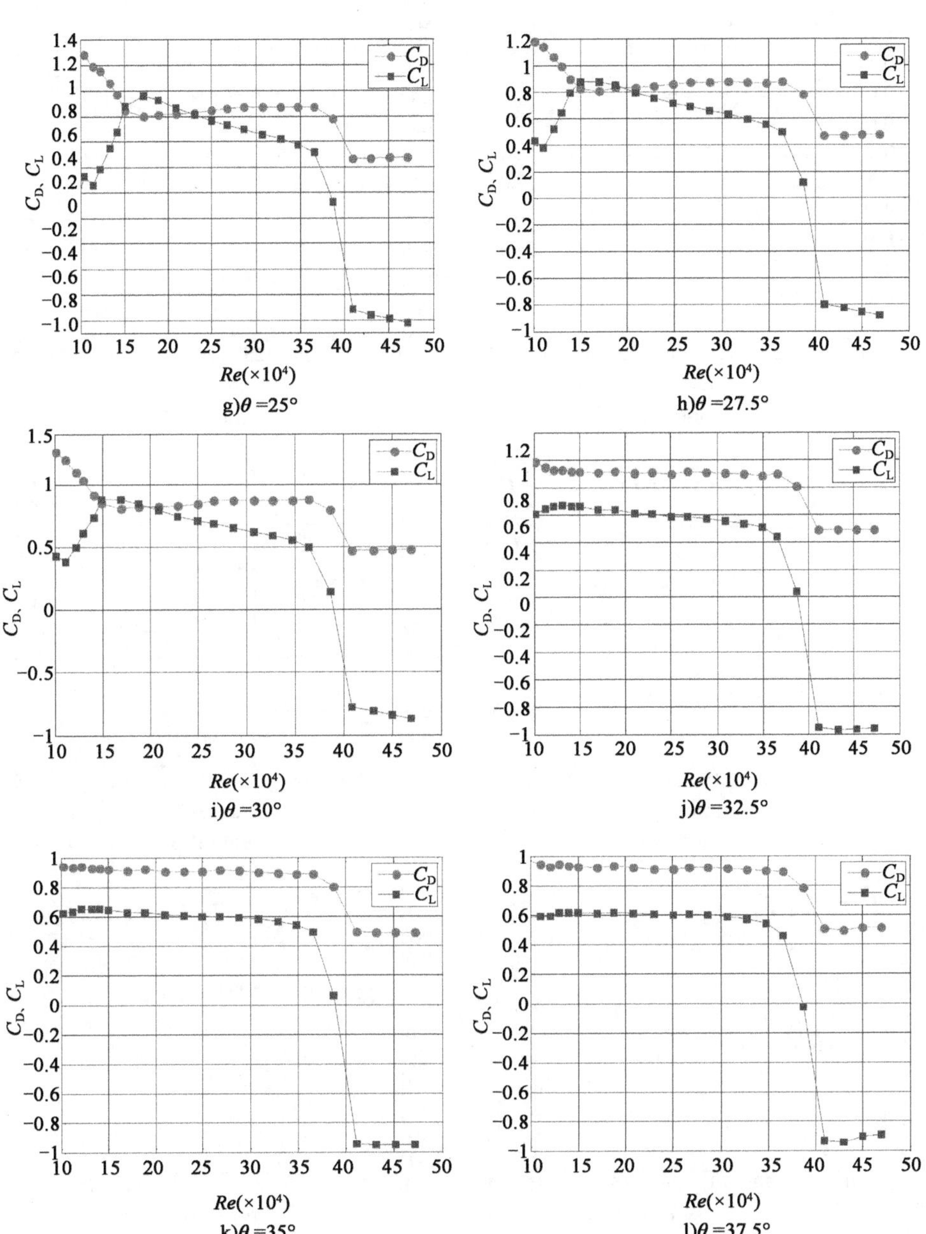

图　7-14

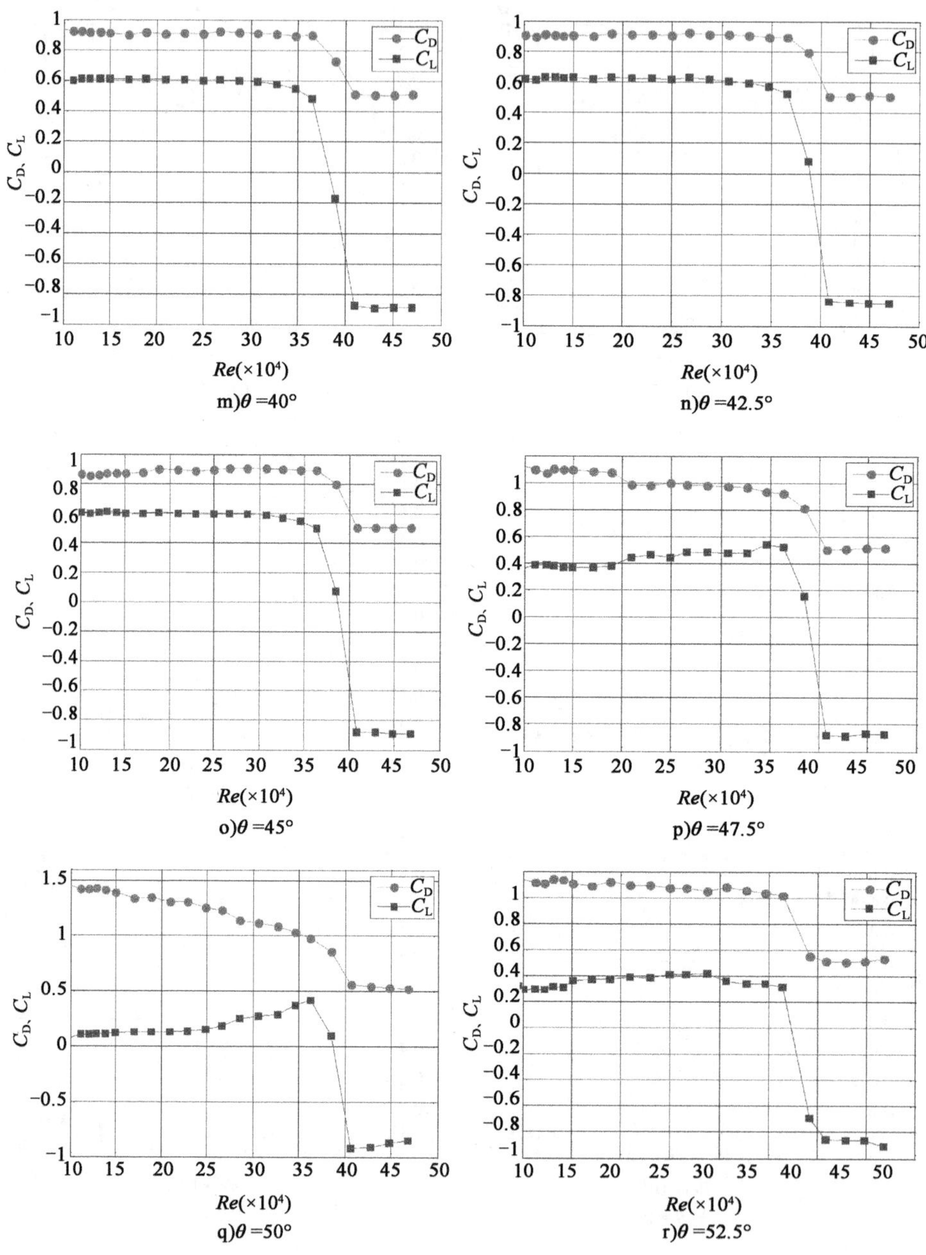

m) θ =40°

n) θ =42.5°

o) θ =45°

p) θ =47.5°

q) θ =50°

r) θ =52.5°

图 7-14

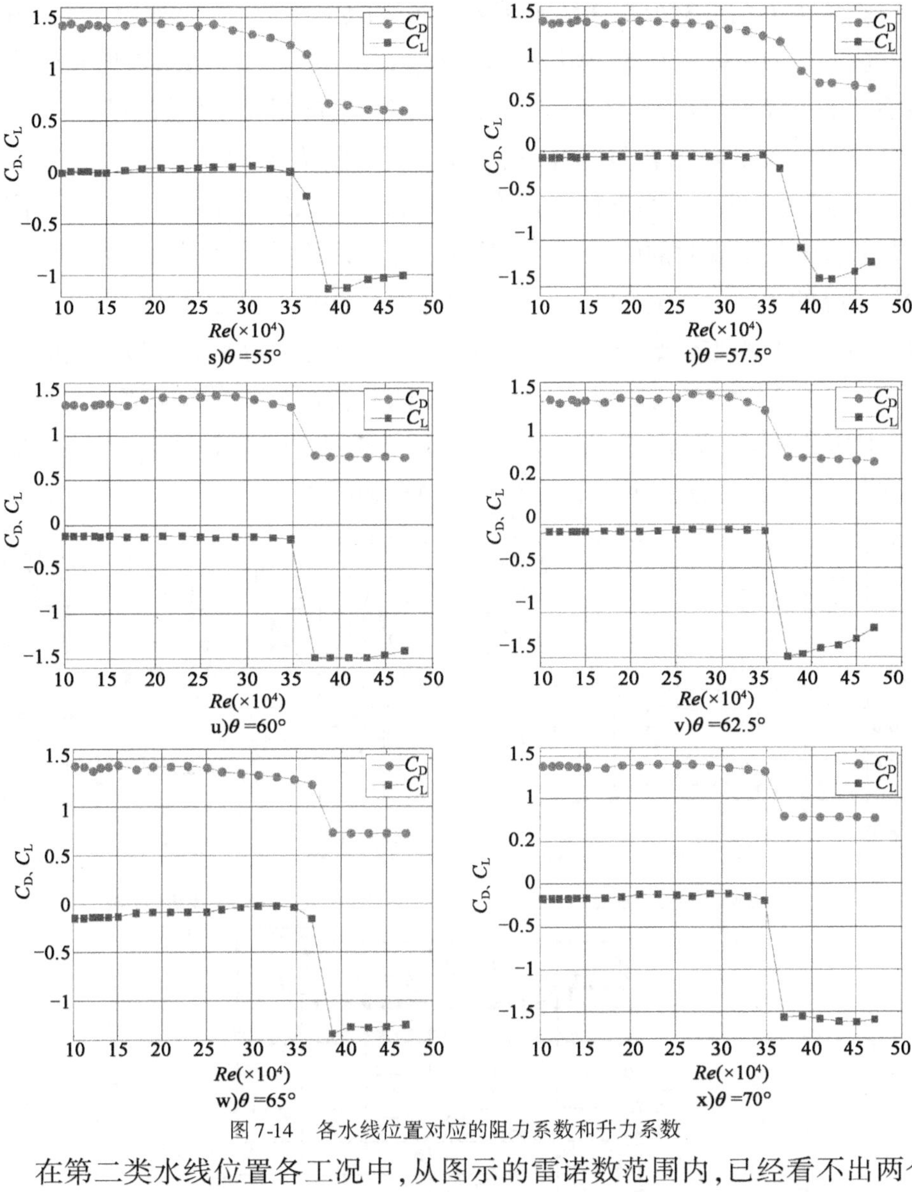

s) $\theta=55°$

t) $\theta=57.5°$

u) $\theta=60°$

v) $\theta=62.5°$

w) $\theta=65°$

x) $\theta=70°$

图 7-14　各水线位置对应的阻力系数和升力系数

在第二类水线位置各工况中，从图示的雷诺数范围内，已经看不出两个系数的第一个阶段（即阻力系数下降和升力系数上升），两个力系数均为平稳—下降—平稳的过程。平稳阶段和下降阶段是否可以视为临界雷诺数区域，还是将雷诺数 $Re=(3.5\sim4.0)\times10^5$ 的两个系数的下降阶段视为临界雷诺数区域，尚需要模型周围流场的测试和分析。

把各个工况下整个雷诺数范围内的最大阻力系数[D_{max},如图7-14a)中1点对应的阻力系数值]、最小阻力系数(D_{min},2点对应的阻力系数值)、阻力系数后一个下降阶段开始下降时的值(D_{st},3点对应的阻力系数值)、阻力系数后一个下降阶段下降的幅度(D_A,3点与2点的阻力系数差)、最大升力系数(L_{max},4点对应的升力系数值)、最小升力系数(L_{min},5点对应的升力系数值)、下降阶段开始下降时的值(L_{st},6点对应的升力系数值)、升力系数后一个下降阶段下降的幅度(L_A,6点与5点对应的升力系数差)、阻力系数后一个下降阶段开始下降时的雷诺数(D_{stre},3点对应的雷诺数)、阻力系数取最小值的雷诺数(D_{minre},2点对应的雷诺数)、升力系数中间平稳段的雷诺数范围(L_{pl},6点与7点对应的雷诺数差)和升力系数上升到最大后对应的雷诺数(L_{tre},7点对应的雷诺数)等参数,随水线位置的变化规律总结如图7-15所示。

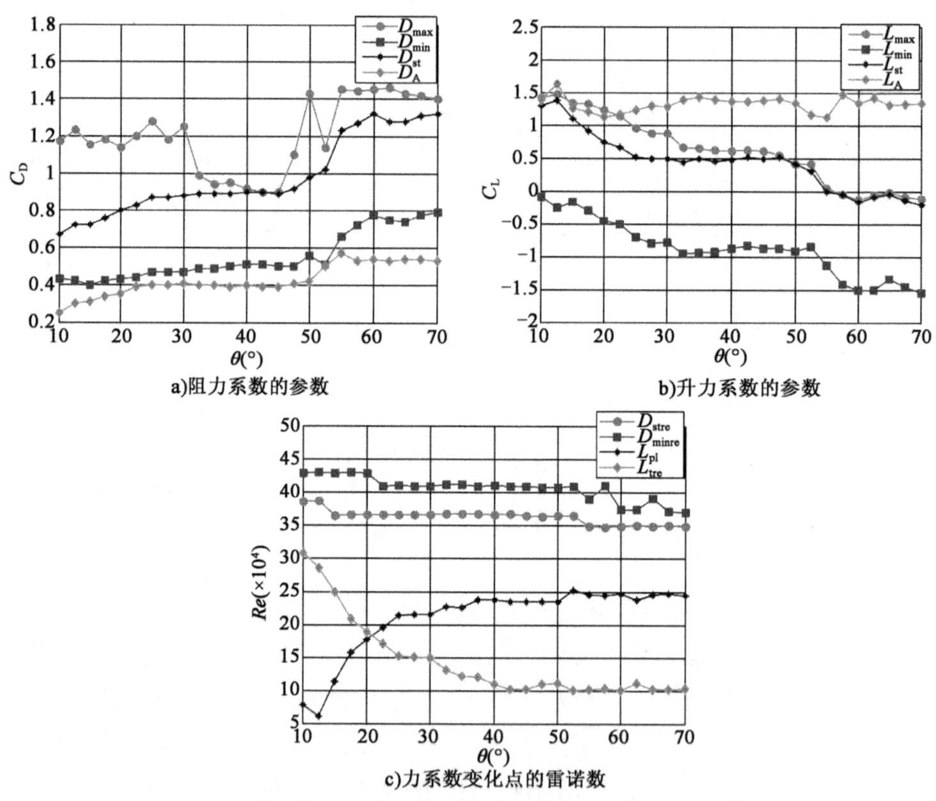

图7-15　气动力系数的各参数随水线位置变化规律

综合图 7-14 和图 7-15 可以发现,水线位置变化能引起阻力系数和升力系数的较大变化,且每一个水线位置工况下气动力系数的大小及关键变化点参数都不同。

阻力系数的最大值 D_{max} 在 $\theta=30°$ 之前基本保持在 1.2 左右,同没有水线情况基本一致;在 $\theta=32.5°\sim45°$ 之间均小于 1.0,$\theta=47.5°\sim55°$ 有波动,$\theta=55°$ 之后基本在 1.4 左右。与阻力系数最大值相比,最小值 D_{min} 在 $\theta=50°$ 之前基本呈缓慢增长的趋势,在 $\theta=52.5°$ 之后快速增大。阻力系数后一个下降阶段开始下降时的值 D_{st} 和该下降段的下降幅度 D_{A} 变化规律类似,在 $\theta=25°$ 之前缓慢增大,$\theta=25°\sim47.5°$ 之间基本保持不变,之后增大。

升力系数的最大值 L_{max}、最小值 L_{min}、下降阶段开始下降时的值 L_{st} 变化规律类似,在 $\theta=32.5°$ 之前呈下降趋势,在 $\theta=32.5°\sim47.5°$ 之间基本保持不变,之后呈下降趋势至 $\theta=60°$,之后基本保持不变。从 $\theta=40°$ 开始,升力系数最大值 L_{max} 与后一个下降阶段开始下降时的值 L_{st} 基本一致,即在高雷诺数区域升力系数下降前的值为最大值。在下降阶段下降的幅度 L_{A} 随水线位置升高变化规律不明显,大部分水线位置下 L_{A} 为 1.4 左右。

阻力系数后一个下降阶段开始下降时的雷诺数 D_{stre}、阻力系数取得最小值的雷诺数 D_{minre} 呈基本类似平稳—下降—平稳—下降—平稳的变化规律,升力系数中间平稳段的雷诺数范围 L_{pl} 随水线位置的升高逐渐增大,到 $\theta=40°$ 之后基本保持不变。升力系数上升至最大值时对应的雷诺数 L_{tre} 随水线位置升高逐渐减小,到 $\theta=40°$ 时,图 7-14 中的横坐标最小值已经不能反映升力系数的上升,因此用横坐标中最小测点对应的雷诺数表示此值。

第 8 章　索杆风荷载计算工程实例

前述各章探讨了多种状态下索杆气动力的变化规律。对于索杆承重桥梁,索杆在横向风作用下产生的风荷载是全桥风荷载的主要来源。例如,有研究表明:在横桥向风的作用下,斜拉索产生的风荷载对于主梁位移和内力的影响可占全桥风荷载的 60% ~70% 。因此,准确掌握斜拉索上的风荷载,对于结构设计和稳定计算以及振动控制等,都具有重要意义。本章以苏通大桥作为工程算例,提出一种快速计算索杆风荷载的高精度算法,并就影响斜拉索风荷载的主要因素进行分析。

8.1　斜拉索静态索形

对于实际的桥梁,斜拉索两端锚固点和整个斜拉索所组成的平面,可能不与主梁轴线和塔的中轴线组成的平面平行。但考虑到实际桥梁中这两个平面的夹角一般较小,故这里假定横桥向的风垂直作用于索面(图 8-1)。

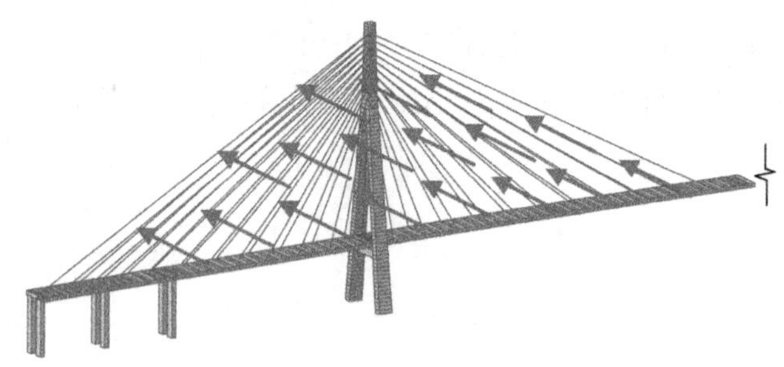

图 8-1　风向图

斜拉索在成桥设计状态下的索形是后续气动力计算的基础,由于垂度的存在,成桥时斜拉索在索端拉力和自重作用下形成一条曲线。假设某索梁端、塔端锚点分别为 A、B,两锚固端索力分别为 T_A 和 T_B,其在平面坐标系中

可分解为 H、V_A 和 H、V_B，以梁端锚点为坐标原点，建立坐标系 xoz，斜拉索水平、竖向投影长度分别为 l、h。

取图 8-2 中一长为 ds 的索微元，设端点分别为 i 和 j，力的正方向如图 8-3所示，并作如下计算假定：

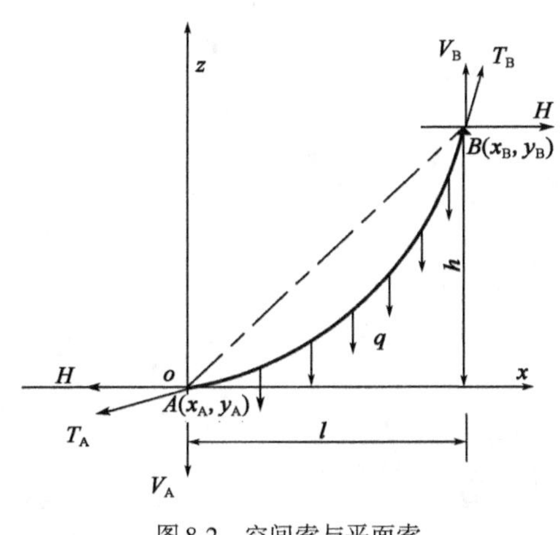

图 8-2 空间索与平面索

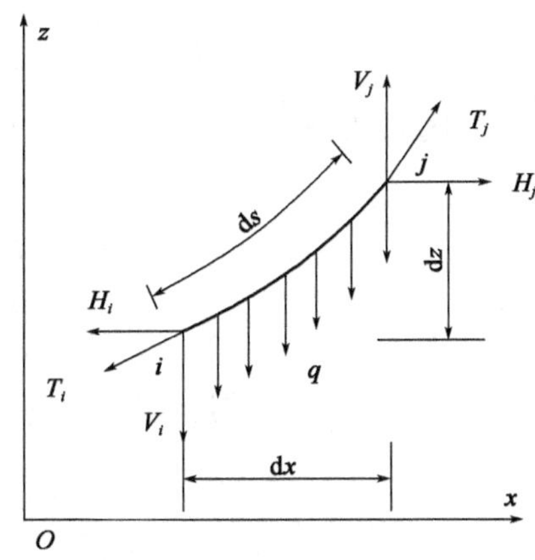

图 8-3 平面索微段受力图

(1)斜拉索只能承受拉力，不能受压和抗弯。

(2)斜拉索为线弹性材料，变形符合胡克定律。

(3)忽略由于变形引起的索截面的变化。

(4)斜拉索自重 q 沿弧长均匀分布。

根据受力平衡条件有如下关系：

$$\begin{cases} H_i = H_j = H \\ V_i + q\mathrm{d}s = V_j \\ H_j\mathrm{d}z + q\mathrm{d}s\dfrac{\mathrm{d}x}{2} - V_j\mathrm{d}x = 0 \end{cases} \tag{8-1}$$

式中：H_i、H_j、V_i、V_j——两端切向力 T_i、T_j 的水平分力和竖向分力；

dx、dz——弧微段的水平、竖向投影长度。

整理可以得到：

$$H\frac{\mathrm{d}^2z}{\mathrm{d}x^2} + q\sqrt{1 + \left(\frac{\mathrm{d}z}{\mathrm{d}x}\right)^2} = 0 \tag{8-2}$$

该微分方程的解为：

$$z(x)=\frac{H}{q}\cosh\left(\frac{q}{H}x+C_1\right)+C_2 \tag{8-3}$$

C_1、C_2 为积分常数，对于图 8-3 所示的拉索，有边界条件：

$$\begin{cases}x=0;z(0)=0\\x=l;z(l)=h\end{cases} \tag{8-4}$$

代入式(8-3)，可得：

$$\begin{cases}0=\dfrac{H}{q}\cosh(C_1)+C_2\\h=\dfrac{H}{q}\cosh\left(\dfrac{q}{H}l+C_1\right)+C_2\end{cases} \tag{8-5}$$

两式相减并应用和差化积公式得：

$$\begin{cases}C_1=\operatorname{arsinh}\dfrac{qh}{2H\sinh\left(\dfrac{ql}{2H}\right)}-\dfrac{ql}{2H}\\C_2=-\dfrac{H}{q}\cosh(C_1)\end{cases} \tag{8-6}$$

将式(8-6)代入式(8-3)即得索形方程，对应 A 点和 B 点的斜率为：

$$\begin{cases}k_{\mathrm{A}}=z'|_{x=0}=\sinh(C_1)\\k_{\mathrm{B}}=z'|_{x=l}=\sinh\left(\dfrac{ql}{H}+C_1\right)\end{cases} \tag{8-7}$$

索端张力 T 和水平分力 H 之间的关系为：

$$H=\frac{T}{\sqrt{1+(z')^2}} \tag{8-8}$$

由式(8-4)～式(8-6)可见，索形方程中的积分常数与斜拉索水平分力 H 有关，而 H 又与待求索形有关，因此需通过迭代求解索形。可事先假定一斜率(为减少迭代次数，以两锚点的弦线斜率为迭代初值)代入式(8-6)和式(8-2)进行迭代计算，不断更新索形，直至前后两次迭代索端斜率满足误差要求。当求得水平分力 H 后，代入式(8-2)和式(8-8)便可求得索形方程。该计算收敛很快，一般循环 4～5 次即可满足精度要求。

8.2　雷诺数与斜拉索气动力系数的关系

根据第4.2节的风洞试验结果可知，在亚临界雷诺数区域，由于卡门涡的脱落是周期对称的，因此索杆的平均升力为0；在超临界雷诺数区域，索杆周围的流场重新恢复到对称状态，因此平均升力也为0，在这些区域不考虑升力的影响是合适的。但是当雷诺数由亚临界区域进入临界区域，卡门涡由规则的脱落变得不规则甚至消失，阻力系数随之减小，周围的流场失去对称性，可能产生不可忽视的平均升力。甚至有文献指出，由于此平均升力的产生，还存在引起索杆振动的可能性。

对于斜拉桥，为了使斜拉索给主梁提供较好的支撑作用，斜拉索塔端锚点位置往往较高。这将导致风速沿拉索高度发生较大变化，斜拉索下端的雷诺数和上端的雷诺数，可能分属不同的区域，如斜拉索下端及附近区域可能在亚临界或临界雷诺数区域，而上端可能在临界或超临界区域，在此情况下，为了计算整个斜拉索上的气动力，需要根据不同位置的雷诺数的区域分别进行计算。

为获得气动力系数随雷诺数变化的定量关系，可针对阻力系数和升力系数分别对图4-6的数据进行插值拟合。

对于升力系数，由于在临界雷诺数区域，升力系数随雷诺数变化呈现较大的跳跃，故采用分段函数进行拟合，拟按图8-4所示虚线区域分段拟合，每一段拟合函数均采用多项式形式。

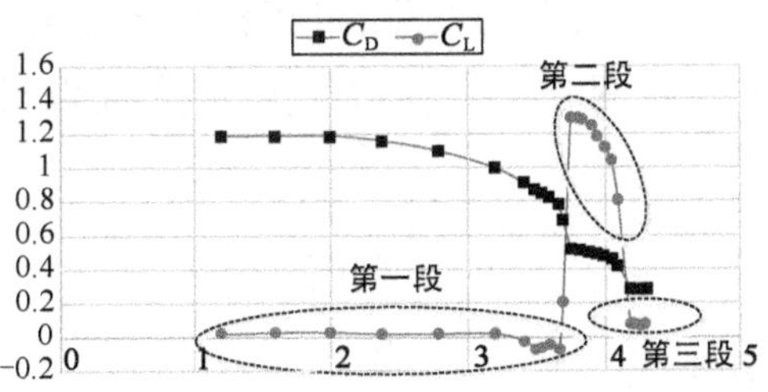

图8-4　气动力系数随雷诺数变化曲线

第一段拟采用4次函数拟合：

$$C_L = -0.0295Re^4 + 0.2623Re^3 - 0.8528Re^2 + 1.1934Re - 0.5756 \quad (R^2 = 0.9344) \tag{8-9a}$$

第二段拟采用2次函数拟合：

$$C_{\mathrm{L}} = -3.399^2Re^2 + 25.589Re - 46.854(R^2 = 0.995) \tag{8-9b}$$

第三段及雷诺数大于 4.29×10^5 的区段,按直线拟合,C_{L} 统一取0.08。各段之间的跳跃数据按线性插值。

对于阻力系数,在雷诺数小于 3.66×10^5 的区段,C_{D} 与 Re 的关系暂采用3次函数拟合：

$$C_{\mathrm{D}} = -0.0392Re^3 + 0.1728Re^2 - 0.2515Re + 1.3113(R^2 = 0.9996) \tag{8-9c}$$

在雷诺数位于 $3.75\times10^5 \sim 4.18\times10^5$ 的区段,C_{D} 与 Re 的关系也采用3次函数拟合：

$$C_{\mathrm{D}} = -6.0279Re^3 + 69.938Re^2 - 270.57Re + 349.55(R^2 = 0.9974) \tag{8-9d}$$

区段之间的跳跃值按照线性插值,对于超过 4.18×10^5 的区段,按 $C_{\mathrm{D}} = 0.29$ 取值。

8.3 考虑雷诺数效应的斜拉索气动力精确计算方法

8.3.1 基本原理

为考虑风场沿斜拉索高度的变化,可将斜拉索沿索长划分为足量的索单元。假定风剖面呈指数变化,索单元各节点位置设计基准风速 V_{d} 可按式(8-10)确定。

$$V_{\mathrm{d}} = V_{10}\left(\frac{Z}{10}\right)^{\alpha} \tag{8-10}$$

式中：V_{10}——基本风速(m/s)；

Z——构件基准高度(m)；

α——地表粗糙度系数。

考虑到风的空间相关性,在计算顺风向荷载时应采用等效静阵风荷载计算。等效静阵风风速 V_{g} 与基本风速的关系为：

$$V_g = G_v V_d \tag{8-11}$$

式中：G_v——等效静阵风系数，与水平加载长度有关。

根据各节点所处的风速和斜拉索基本参数，可按式(8-12)计算对应位置处的雷诺数 Re。

$$Re = \frac{\rho V_d L}{\mu} = \frac{V_d L}{\nu} \tag{8-12}$$

式中：ρ——空气密度（kg/m^3），按苏通大桥所处的南通市年均数据，取 $1.222kg/m^3$；

V_d——气流速度（m/s）；

μ——流体黏性系数（$N \cdot s/m^2$）；

ν——流体运动黏性系数（m^2/s），对于空气可取 $1.464 \times 10^{-5} m^2/s$；

L——物体的总体代表尺寸（m），此处取斜拉索的直径。

当各节点处雷诺数确定后，进一步根据雷诺数与气动力系数关系［式(8-9)］，便可获得各节点位置处的阻力系数 C_D 和升力系数 C_L，则各节点处斜拉索的气动力可按式(8-13)计算：

$$\begin{cases} F_D = \dfrac{1}{2}\rho V_d^2 C_d D \\ F_L = \dfrac{1}{2}\rho V_d^2 C_L D \end{cases} \tag{8-13}$$

式中：F_D——作用在单位长度斜拉索上的平均阻力值（N/m）；

F_L——作用在单位长度斜拉索上的平均升力值（N/m）；

D——斜拉索的直径（m）。

显然气动力在各索单元内部呈非线性分布，但由于单元数量可以划分足够多，所以气动力在节点间可采用线性拟合，如图 8-5 所示，即气动力视作梯形单元均布荷载作用到每个索单元上。

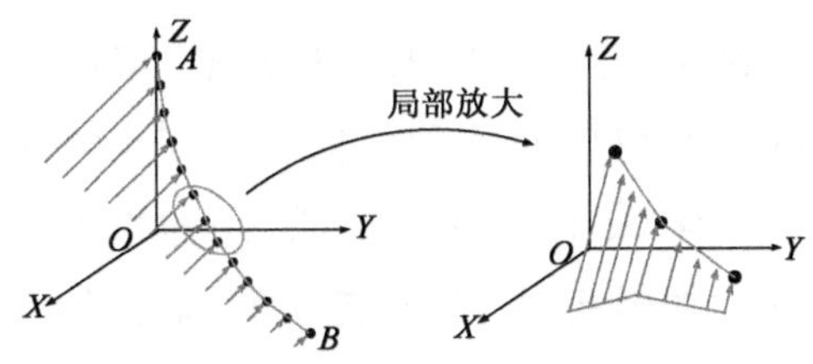

图 8-5　单元荷载线性拟合

8.3.2 风荷载计算程序实现

根据上述计算原理，基于 MATLAB 平台开发斜拉索索端力计算程序，该程序包含索形计算模块、风场计算模块、雷诺数计算模块、气动力计算模块、索端力计算模块，各模块间调用关系如图 8-6 所示。

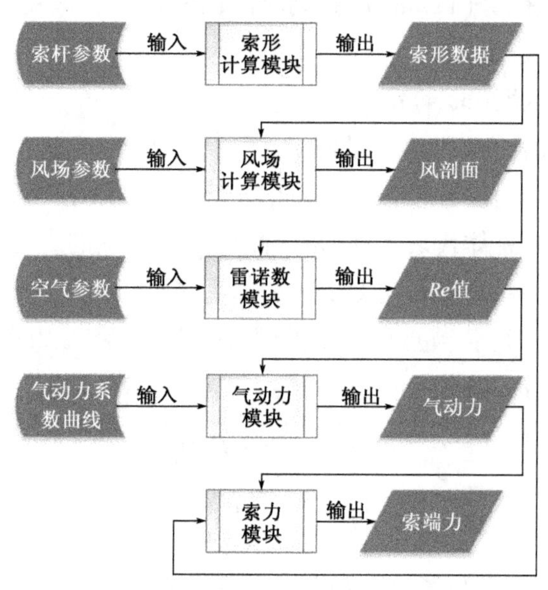

图 8-6 程序计算流程示意图

索形计算模块用于计算斜拉索在成桥无风状态下的真实索形，其原理如 8.1 节所述，基于该索形可确定气动力计算时各索单元的节点位置；风场计算模块基于指数风剖面假定，用于获得各节点位置的实际风速；根据各节点实际风速，通过雷诺数计算模块便可计算各节点对应的雷诺数 Re；气动力计算模块根据试验获得的 Re 与 C_D、C_L 之间的关系，实现气动阻力和气动升力的计算。当获得了各节点位置的气动力值，便可同索力计算模块计算索端风荷载。该模块中斜拉索采用梁单元模拟，并考虑几何刚度效应；单元气动力根据各节点气动力线性插值，按照传统有限元法的计算步骤计算索端风荷载。

8.4　工程算例分析

按《公路桥梁抗风设计规范》(JTG/T D60-01—2004),针对苏通大桥的斜拉索进行计算。该地区百年一遇的基本风速为38.9m/s,桥位处为A类地貌,地表粗糙度系数按照大桥的设计文件取0.118。

8.4.1　程序计算结果

以A_1号索为例,成桥设计状态斜拉索梁端、塔端锚固坐标分别为(-8m, 18.079m, 73.804m)和(-0.6m, 0.602m, 226.133m),斜拉索线密度为60.19kg/m,弹性模量$E=195\text{GPa}$,成桥梁端目标索力$T=3254.9\text{kN}$,为简化计算,假定A_1索力沿索长均为此值。借助于前述算法,可快速获得A_1索成桥索形。基于计算索形,进行单元数量试算,发现100个梁单元可以达到计算精度,因此将斜拉索分为100个梁单元,单元长度平均为1.5m;根据当地的基本风速、地貌类别和地表粗糙度系数,利用风场计算模块可得各节点位置处等效静阵风风速,其结果如图8-7所示。

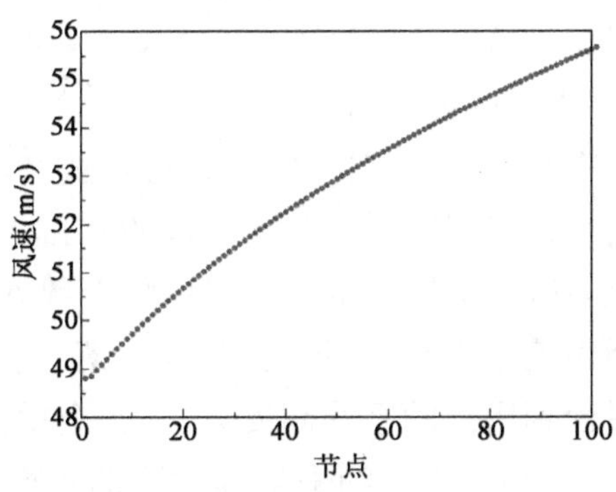

图8-7　各节点位置设计基准风速

根据南通市年均气象资料,南通市年平均气温为15℃,平均相对湿度为81%,平均大气压为1016hPa,算得空气密度为1.222kg/m^3,动黏性系数为$1.464\times10^{-5}\text{m}^2/\text{s}$。根据各节点处的风速和拉索基本参数,通过雷诺数计算模块可获得各节点对应的雷诺数Re,如图8-8所示。

依据试验确定的雷诺数与气动力的关系,进一步可以确定各节点处的气动阻力与气动升力。相应的气动力值如图 8-9 所示。

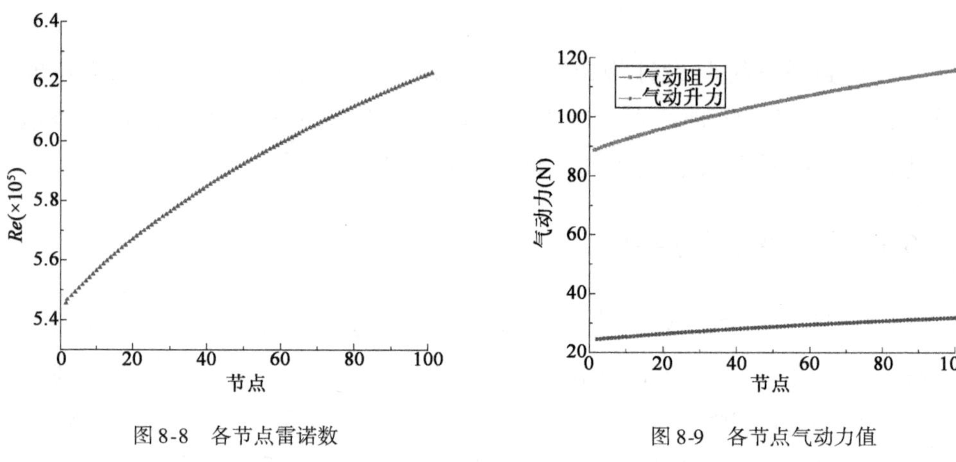

图 8-8　各节点雷诺数　　　　图 8-9　各节点气动力值

8.4.2　计算结果对比

我国《公路桥梁抗风设计规范》的最新版本于 2018 年颁布,由于苏通大桥设计时采用 2004 年颁布的旧规范(以下分别简称《18 规范》和《04 规范》),二者在一些细节上存在差异。为了更好地对比计算结果,本书分别依照这两版规范进行对比计算。值得说明的是,本书中的计算是假设斜拉索为光滑表面状态,没有考虑实际的凹坑。

对于桥梁构件基准高度处的基准风速,可按照式(8-10)所示的指数律确定。相较于《04 规范》,《18 规范》在式(8-10)的基础上添加了抗风风险系数,对于苏通大桥,风险区域类别为 R1,抗风风险系数 k_f 取 1.05。构件的基准高度的取法在两版规范中也有所不同:在《04 规范》中,吊杆、斜拉索、主缆的基准高度为主梁底面到塔顶的平均高度处,因此全桥拉索的基准高度均为 189.63m;在《18 规范》中则为构件的平均高度距离水面或地面的高度,对于 A_1 索为 149.97m。

抗风基准高度处的静阵风风速可按式(8-11)计算,A_1 索水平投影长度小于 20m,根据规范 G_v 取 1.29。斜拉索上的静风荷载按下式计算:

$$F_g = \frac{1}{2}\rho V_g^2 C_D A_n \tag{8-14}$$

式中：F_g——横风向上的静风荷载；

C_D——桥梁构件的阻力系数；

A_n——桥梁各构件顺风向投影面积，对于吊杆、斜拉索和悬索桥主缆取为其直径乘以其投影高度。

表 8-1 所示为程序与规范分别计算的 A_1 索两端气动力结果。由表可见《18 规范》相较于《04 规范》结果偏大约4%。规范无法准确考虑雷诺数效应对气动力的影响，因而两版规范均无法计算雷诺数位于临界区时的气动升力；由于苏通大桥设计基本风速较大，且规范按构件基准高度处的风速代表全索风速，两版规范计算的气动阻力值约达到程序计算值的 3 倍。

两种方法计算结果对比　　表 8-1

位　置	程序计算值		规范计算值	
	阻力 F_y(N)	升力 F_z(N)	阻力 F_y(N)（《04 规范》）	阻力 F_y(N)（《18 规范》）
梁端	7627.82	2103.23	23413.18	24422.43
塔端	8298.80	2288.35	23413.18	24422.43

8.4.3　最不利风荷载计算

令气动力计算公式中的风速从 20m/s 开始按 0.2m/s 的步长逐渐增加至 50m/s，借助自编程序对苏通大桥全部斜拉索进行试算，图 8-10 所示为 A_1 索对应的程序计算的气动阻力、气动升力与规范计算的气动阻力值随风速的变化情况。

通过图 8-10 可见，由于风速沿索长发生变化，按程序计算的梁端气动力略小于塔端气动力值，且程序计算值显示出明显的雷诺数效应。当风速介于 23～28m/s 之间时，气动力系数落入（图 8-4）第二段，因而索上呈现较大气动升力，且该升力值可能超过按规范计算的气动阻力值，而气动阻力在此风速范围内略有下降。

令 $F_{合}$ 表示索端气动阻力与气动升力的合力，从图 8-10 中可见当风速小于 23m/s 时，气动升力较小，$F_{合}$ 与 $F_{阻}$ 非常接近，而当风速在 23～28m/s 之间时，由于气动升力发生显著变化，$F_{合}$ 受气动升力影响较大，而当风速超过 28m/s 时，气动升力显著降低，$F_{合}$ 主要受 $F_{阻}$ 影响。

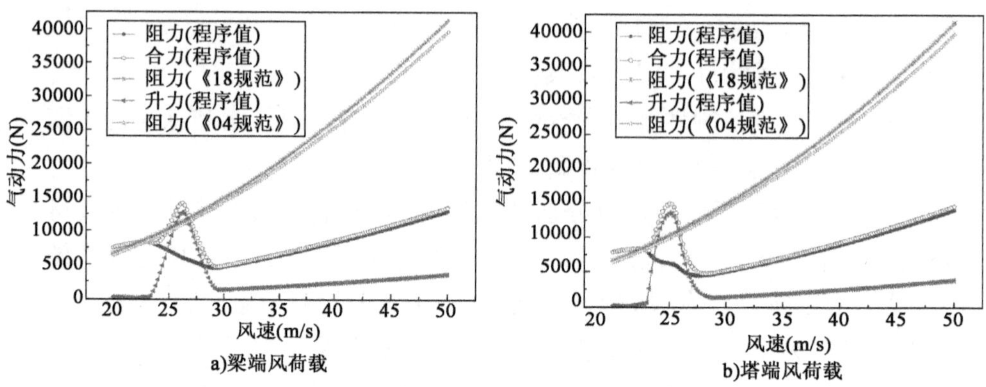

图 8-10　苏通大桥 1 号塔端风荷载试算

由图 8-10b)可知,对于塔端,气动阻力规范值与程序值的交叉点对应的风速为 22.5m/s,当风速小于该值时,规范值小于程序值;气动升力极值点对应的风速为 25m/s,其值达到 13567N,当风速为 25m/s 时,按规范计算的气动力值分别为 9924N(《04 规范》)、10352N(《18 规范》)。

还有一点需要注意,如果考虑升力影响,由于按照程序计算的阻力值有极大值点,此处的风速低于静阵风风速,因此,无论按照程序计算,还是规范计算,静阵风风速处的阻力值都不一定是整个风速范围内的最大值,需要比较静阵风风速对应阻力值和按照程序计算的阻力极大值,取两者中较大的数值为控制值。

以同样的方式改变苏通大桥其他各索的风速,对应各索的计算结果如图 8-11所示。

由图 8-11a)可见,《18 规范》引入抗风风险系数提高了基本风速,因而全桥各索气动阻力计算结果略大于《04 规范》的结果。雷诺数效应对全桥各索的气动阻力和气动升力会产生不同程度影响。由于苏通大桥斜拉索直径较大,主梁距水面高度大,斜拉索按指数律换算的风速较高,因此雷诺数效应影响区域主要体现在中、短索的低风速区。这一现象可由俯视图图 8-11b)进一步明晰:该图中 A 区域表示在对应参数下斜拉索的雷诺数处于亚临界区,斜拉索的气动阻力系数较大,因此按程序计算的气动阻力值大于规范计算值;B 区域表明斜拉索大部分(或全部)区域的雷诺数进入临界区,此区域内升力系数显著上升,阻力系数快速下降,导致按程序计算的气动升力值超过按规范计算的气动阻力值；C 区域表示斜拉索大部分（或全部）区域的雷诺数进入超临界区，升力系数恢复至较小值，阻力系数逐渐升高，因此规范计算的气动阻力值超过程序计算气动阻力和气动升力值的区域。

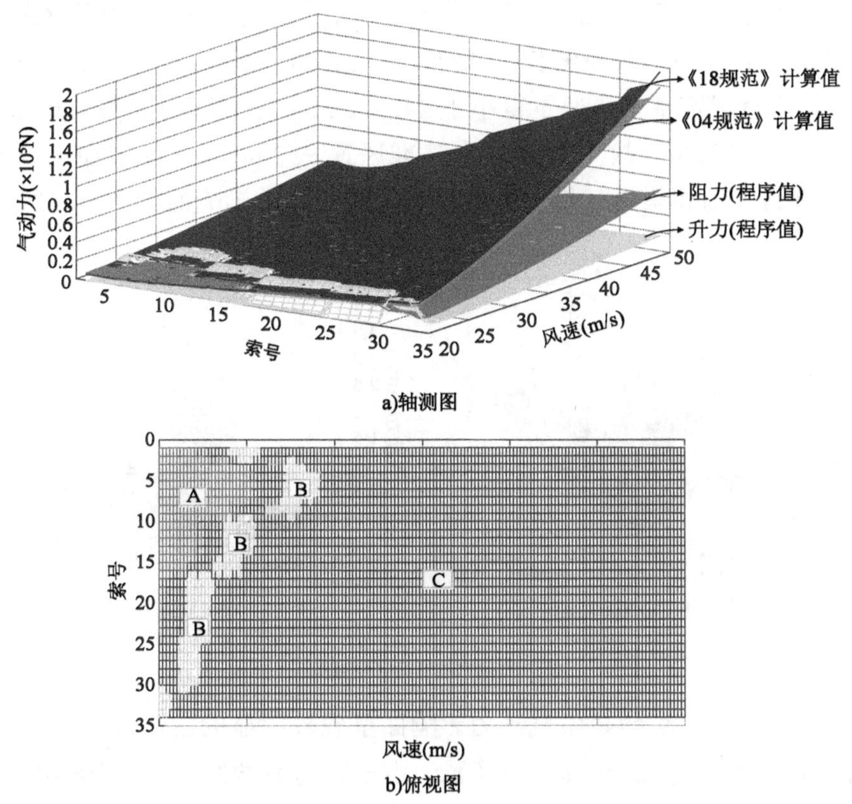

图 8-11　全桥各索相关计算值的影响面

由于苏通大桥的斜拉索直径大，设计基本风速较高，为 38.9m/s，该风速对应的斜拉索雷诺数已进入超临界区，因此对于苏通大桥全桥各索，按照设计规范计算所得的气动阻力更偏于保守和安全。

8.4.4　参数敏感性分析

斜拉索的雷诺数与其直径和风速有关。由于不同桥梁构件尺寸和风场可能存在较大差异，所以不同参数条件下斜拉索对应的雷诺数情况也有所不同，进而对其气动力产生显著影响。因此对斜拉索倾角、直径、风速进行参数敏感性分析。

(1)索径影响

首先考察不同索径和风速下斜拉索气动力的变化规律。以苏通大桥 A_1 索作为基础,令索径从 5cm 逐渐变化至 20cm,斜拉索面积、惯性矩依据直径比例关系进行换算。斜拉索长度和梁端锚点高度保持不变,假定斜拉索倾角为 40°。规范规定基本风速不得小于 24.5m/s,考虑到苏通大桥斜拉索梁端锚点较高,达 73.8m,故令设计基本基准风速从 20m/s 逐步增加至 60m/s。通过程序计算所得塔端气动力随索径和风速变化的影响面如图 8-12所示。

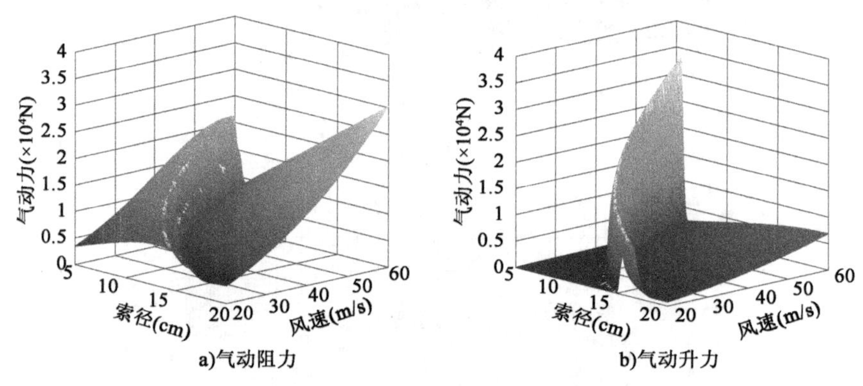

图 8-12 塔端气动力随索径和风速变化的影响面

由图 8-12 可见,斜拉索气动力影响面呈现较明显的雷诺数效应,在气动阻力影响面中出现"山谷"区,该区域内由于阻力系数减小,使得索端气动阻力显著减小;气动升力影响面则出现"山脊"区,在该区域内气动升力急剧增加。当斜拉索雷诺数进入超临界区,气动阻力随着风速增大稳定增加;气动升力恢复较小值,且随风速略有增加。

风速与索径是影响拉索雷诺数值的两个重要参数。索径与风速对雷诺数效应区出现位置的影响为负相关:当索径较大时,雷诺数效应在较小风速时出现,随着索径减小,该效应出现时对应的风速逐渐增大;且索径越小,斜拉索气动力呈现的雷诺数效应越明显。为考察雷诺数效应对结构设计的影响,进一步按照《18 规范》计算相同参数下斜拉索塔端的气动阻力,并与考虑雷诺数效应计算所得的气动阻力、气动升力进行对比,如图 8-13 所示。

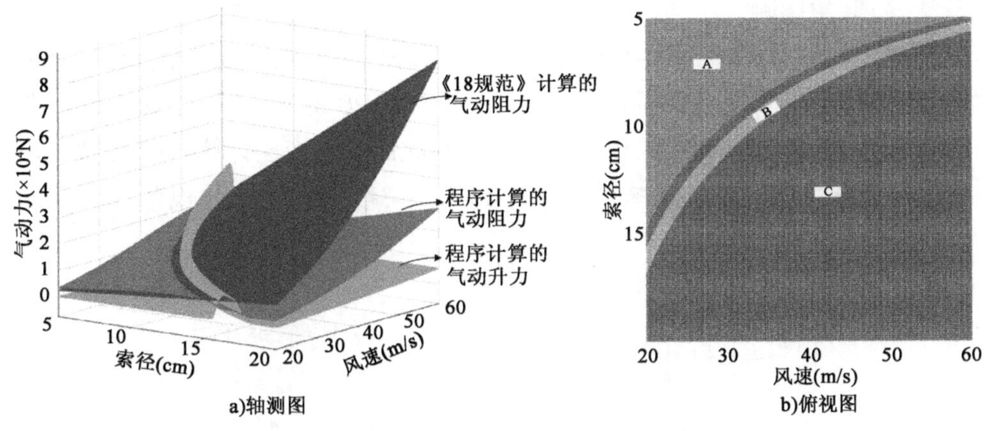

图 8-13　考虑雷诺数效应计算所得的气动力

从图 8-13 可见,规范计算值按本程序计算的塔端气动阻力、气动升力值的相对大小关系随斜拉索的索径和实际风速而变化。图 8-13b) 中的区域 A 表明雷诺数效应使索端产生了较大的气动阻力,该值已超过了在对应设计风速和索径下按规范计算的气动阻力值。这是由于斜拉索在该区域对应的参数范围内具有相对较小的雷诺数,当考虑雷诺数效应时,小雷诺数对应的斜拉索气动阻力系数较大。随着索径与风速增加,斜拉索雷诺数进入临界区,雷诺数效应使得气动阻力减小,气动升力增加。因此当计算参数越过区域 A 的边界线后,按规范计算的气动阻力值大于对应的程序计算值。但斜拉索气动升力急剧增加,且该值可能超过气动阻力(B 区域)。当斜拉索雷诺数进入超临界区后,气动阻力随索径或风速增大而增加,且规范计算值始终大于程序计算值,而气动升力恢复至小值。

对于实际工程中的斜拉索需考虑雷诺数效应对其气动力的影响,特别当斜拉索索径或设计基本风速相对不大时,例如图 8-13b) 中的 A 区域,按规范计算所得的气动阻力偏于不安全;由于本算例中斜拉索高度位置较高,构件各点对应的设计基准风速较大,若斜拉索锚固位置降低,程序计算值大于规范计算值的区域则会进一步增大。

雷诺数效应还可导致斜拉索产生较大的气动升力,该升力值可能超过按规范计算的气动阻力值。由于升力值指向顺桥向,且两个方向可能随机分布,因此升力作用的评判,需要进一步的研究和探讨。

(2)倾角影响

为进一步考察斜拉索在不同倾角、风速条件下气动力的变化规律,令苏通大桥 A_1 索梁端锚点坐标固定,斜拉索倾角从20°逐渐变化至90°,设计基本风速从20m/s逐步增加至60m/s,其他参数保持不变。计算所得塔端气动力随索径和风速变化的影响面如图8-14所示,程序计算值与规范计算值对比如图8-15所示。

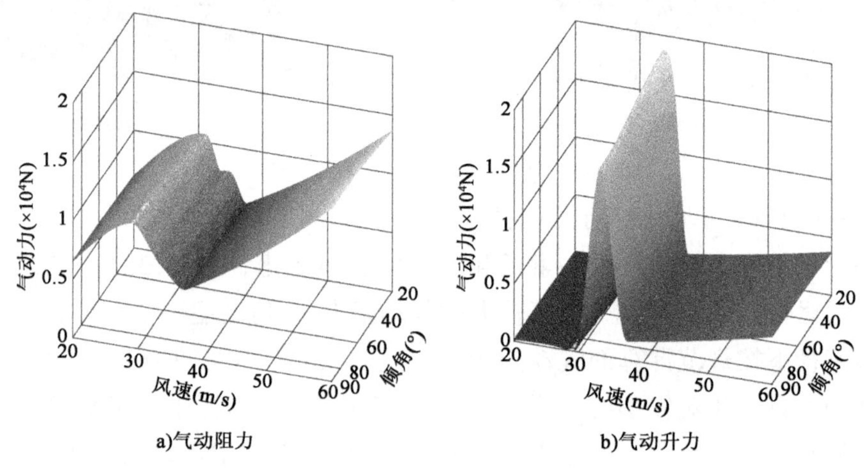

图8-14 塔端气动力随索径和风速变化的影响面

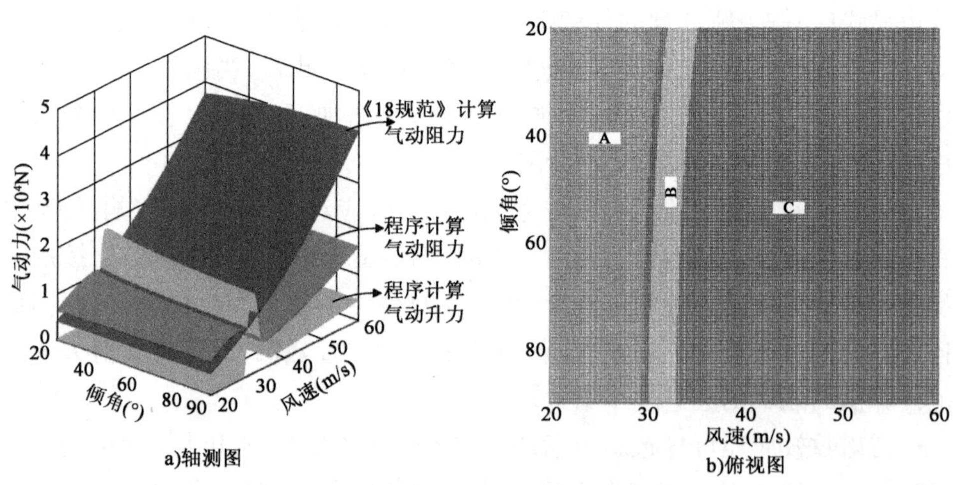

图8-15 塔端气动力随索径和风速变化的影响面

由图 8-14 与图 8-15 可见，由于倾角变化导致斜拉索塔端锚点位置发生变化，所以塔端气动力影响面同样呈现较明显的雷诺数效应，且程序计算的气动力以及规范计算值的相对大小关系与计算参数密切相关。但由图 8-15b）的区域交界线[区域含义同图 8-13b）]易知，气动力表现出雷诺数效应对斜拉索倾角的敏感性低于索径的敏感性，即在相同设计风速下，索径更容易影响索端气动力。

8.5　结　　论

（1）气动力系数呈现出明显的雷诺数效应，在亚临界区阻力系数随雷诺数升高而逐渐减小，升力系数保持在零值附近；进入临界区，阻力系数显著下降，升力系数显著增加；由临界区进入超临界区后，阻力系数逐渐增加，但仍比亚临界区内的值小很多，而升力系数恢复至零值附近，但其比在亚临界区内的值略大。

（2）由于风速沿斜拉索高度而发生变化，斜拉索梁端气动力略小于塔端的数值。对于苏通大桥规模的斜拉索，塔端气动阻力值比梁端大 8% ~15%。

（3）当斜拉索对应雷诺数落入临界区时，索上产生较大的气动升力，且该值可能超过按规范计算的气动阻力值，其对锚固端的影响值得进一步研究和探讨。

（4）当斜拉索雷诺数处于亚临界区时，程序计算的斜拉索气动阻力值可能大于规范计算值；如果考虑升力影响，在特定风速下气动力的合力会出现极大值，此处的风速小于静阵风风速，这种情况下需要比较合力的极大值和按照静阵风风速计算的阻力，取两者中的较大值作为设计的控制值。

参考文献

[1] 肖汝诚. 桥梁结构体系[M]. 北京:人民交通出版社,2013.

[2] 项海帆. 桥梁概念设计[M]. 北京:人民交通出版社,2011.

[3] 葛耀君. 大跨度拱式桥抗风[M]. 北京:人民交通出版社股份有限公司,2014.

[4] 葛耀君. 大跨度悬索桥抗风[M]. 北京:人民交通出版社,2011.

[5] 尼尔斯·吉姆辛. 缆索支承桥梁——概念与设计[M]. 金增红,译. 北京:人民交通出版社,2002.

[6] 中华人民共和国交通部. 公路桥梁抗风设计规范:JTG D60-01—2004[S]. 北京:中国标准出版社,2004.

[7] 中华人民共和国交通运输部. 公路桥梁抗风设计规范:JTG/T 3360-01—2018[S]. 北京:人民交通出版社股份有限公司,2018.

[8] 陈政清. 桥梁风工程[M]. 北京:人民交通出版社,2005.

[9] 中华人民共和国交通运输部. 斜拉桥用热挤聚乙烯高强钢丝拉索:GB/T 18365—2018[S]. 北京:中国标准出版社,2018.

[10] 中华人民共和国交通运输部. 公路悬索桥设计规范:JTG/T D65-05—2015[S]. 北京:人民交通出版社股份有限公司,2015.

[11] 中华人民共和国交通运输部. 无粘结预应力钢绞线斜拉索技术条件:JT/T 771—2009[S]. 北京:人民交通出版社,2009.

[12] 中华人民共和国交通运输部. 桥梁缆索用热镀锌或锌铝合金钢丝:GB/T 17101—2019[S]. 北京:中国标准出版社,2019.

[13] 楼庄鸿. 国外大跨径悬索桥述评[J]. 中国公路学报,1991,4(4):67-76.

[14] 王伯惠. 斜拉桥结构发展和中国经验(上)[M]. 北京:人民交通出版社,2004.

[15] 葛俊颖. 桥梁工程(上)[M]. 北京:中国铁道出版社,2007.

[16] 唐小萍. 平行钢绞线拉索与平行钢丝拉索的特性、经济性比较分析[J]. 桥梁建设,1997(4):17-19.

[17] Irvine H M. Cable structures [M]. Cambridge:The MIT Press,1981.

[18] 王保国.空气动力学基础[M].北京:国防工业出版社,2009.
[19] 黄本才.结构抗风分析原理及应用[M].上海:同济大学出版社,2001.
[20] 冯讷敏.雨量仪器综述[J].水利水文自动化,1996(03):1-6.
[21] 王剑,王晓蕾,慕新仓,等.三类测风传感器的原理及性能比较[J].气象水文海洋仪器,2008(03):23-25,78.
[22] 姜建山,唐德东,周建庭.桥梁索力测量方法与发展趋势[J].重庆交通大学学报(自然科学版),2008(03):379-382,466.
[23] 裴岷山,张喜刚,朱斌,等.斜拉桥的拉索纵桥向风荷载计算方法研究[J].中国工程科学,2009,11(3):26-30.
[24] Caetano E. Cable vibrations in cable-stayed bridges[M]. IABSE,2007.
[25] 卡埃塔诺.斜拉桥的拉索振动与控制[M].张德祥,译.北京:中国建筑工业出版社,2007.
[26] Roshko A. Experiments on the flow past a circular cylinder at very high Reynolds number[J]. Journal of Fluid Mechanics,2006,10(3): 345-356.
[27] 刘庆宽,闫煦东,李聪辉.不同粗糙度斜拉索气动力特性和风荷载计算方法研究[J].振动与冲击,2017,36(23):39-44,57.
[28] 刘庆宽,乔富贵,张峰.考虑雷诺数效应的斜拉索气动力试验研究[J].土木工程学报,2011,44(11):59-65.
[29] 日本本州四国连络桥公团.本州四国联络桥耐风设计标准·同解说[S].2001.
[30] British standards institution. Steel,concrete and composite bridges(BS5400-1:1988)[S].1988.
[31] 林志兴,杨立波,李文勃.斜拉索顺桥向风阻系数的试验研究[J].郑州大学学报(工学版),2005,26(1):38-41.
[32] Poulin S,Larsen A. Drag loading of circular cylinders inclined in the along-wind direction[J]. Journal of Wind Engineering and Industrial Aerodynamics,2007,95(9-11): 1350-1363.
[33] ESDU. Fluid forces on non-streamlined bodies—Background notes and description of the flow phenomena[Z]//Item Number 71012, Engineering Sciences Data Unit,London,1971.

[34] ESDU. Main forces, pressures and flow field velocities for circular cylindrical structures: single cylinder with two-dimensional flow [Z] // Item Number 80025, Engineering Sciences Data Unit, London, 1986.

[35] 张磊杰. 考虑表面损伤的斜拉索气动特性的研究[D]. 石家庄:石家庄铁道大学, 2018.

[36] 刘庆宽,张磊杰,王晓江,等. 表面损伤的斜拉索平均气动阻力特性的试验研究[J]. 振动与冲击,2020,39(01):140-149.

[37] 王晓江. 非圆截面斜拉索气动性能风洞试验研究[D]. 石家庄:石家庄铁道大学,2018.

[38] 刘庆宽,王晓江,张磊杰,等. 非圆截面斜拉索气动性能风洞试验研究[J]. 土木工程学报,2019,52(08):62-71.

[39] 孙修贵. 中国主要城市降雨雨强分布和 Ku 波段的降雨衰减[M]. 北京:气象出版社,2004.

[40] 陈文亮,王占礼. 人工模拟降雨特性的试验研究[J]. 水土保持通报,1991,11(2):55-62.

[41] Best A B. The size distribution of raindrops quarterly[J]. Journal of the Royal Meteorological Society, 1950, 76(16), 16-36.

[42] 周伏建,陈明华,林福兴,等. 福建省天然降雨雨滴特征的研究[J]. 水土保持学报,1995,9(1):8-12.

[43] 梁伟,程复,赵廷宁,等. 摄影法在人工降雨装置水滴终点速度中的应用研究[J]. 水土保持研究,2006,13(2):14-16.

[44] Marshall J s, Palmer W M. The distribution of raindrops with size[J]. Journal of Meteorology, 1948(5):165-166.

[45] Takeuchi D M. Characterization of raindrop size distribution[C]. Preprints of Conference on Cloud Physics and Atmospheric Electricity. Issaquah: American Meteorological Society, 1978: 154-161.

[46] Ulbrich C W. Effect of size distribution variations on precipitation parameters determined by dual-measurement techniques[C]. Preprints of 20th Conference on Radar Meteor. Boston: American Meteorological Society, 1981:276-281.

[47] 仇盛柏,陈京华. 广州雨滴尺寸分布[J]. 电波科学学报,1995,10(4):

73-77.

[48] Luers J, Haines P. Aerodynamic penalties of heavy rain on landing airplanes [J]. Journal of Aircraft, 1983, 20(2): 111-112.

[49] Hansman R J, Craig A P. Low Reynolds number tests of NACA 64-210, NACA 0012, and Wortmann FX67-K170 airfoils in rain[J]. Journal of Aircraft, 1987, 24(8): 559-566.

[50] 孙宏,王大海. 大雨对飞机气动性能的影响[J]. 流体力学实验与测量, 1998, 12(3):24-28.

[51] 刘庆宽,乔富贵,杜彦良. 降雨对基本构件气动特性影响的初步研究[J]. 石家庄铁道学院学报(自然科学版), 2007(04):14-18,44.

[52] 赵林,葛耀君,武占科,等. 风雨耦合环境结构荷载与响应的分析及试验研究[J]. 振动工程学报, 2014, 27(4):507-517.

[53] 辛大波,王亮,李惠,等. 降雨对桥梁主梁静力特性的影响[J]. 空气动力学学报, 2012, 30(5):613-618.

[54] HIKAMI Y, SHIRAISHI N. Rain-wind induced vibrations in cable stayed bridge [J]. Journal of Wind Engineering and Industrial Aerodynamics, 1988, 29: 409-418.

[55] GU M, DU X. Q. Experimental-investigation of rain-wind-induced vibration of cables in cable-stayed bridges and its mitigation [J]. Journal of Wind Engineering and Industrial Aerodynamics, 2005, 93: 79-95.

[56] 希缪. 风对结构的作用——风工程导论[M]. 刘尚培,项海帆,等,译. 上海:同济大学出版社, 1992.

[57] 中华人民共和国国家质量监督检验检疫总局,中国国家标准化管理委员会. 产品几何级数规范(GPS) 表面结构 轮廓法 术语、定义及表面结构参数:GB/T 3505—2009 [S]. 北京:中国标准出版社, 2009.

[58] 刘庆宽,郑云飞,刘小兵,等. 斜拉桥斜拉索的风荷载、风致振动与控制[J]. 工程力学, 2015, 32(9):1-8.

[59] 刘庆宽,卢照亮,田凯强,等. 螺旋线对斜拉桥斜拉索高雷诺数风致振动影响的试验研究[J]. 振动与冲击, 2018, 37(14):175-179.

[60] 刘庆宽,李聪辉,郑云飞,等. 缠绕螺旋线的斜拉桥斜拉索平均气动阻力特

性的试验研究[J]. 土木工程学报,2017,50(05):97-104.
[61] 张卓杰,王荣辉. 求解平行钢绞线斜拉索初张力的数值算法[J]. 华南理工大学学报(自然科学版),2014(2):88-95.
[62] 彭细荣,等. 有限单元法及其应用[M]. 北京:清华大学出版社,2012.
[63] 徐荣桥. 结构分析的有限元法与 MATLAB 程序设计[M]. 北京:人民交通出版社,2006.
[64] 王正林. 精通 MATLAB[M]. 北京:电子工业出版社,2011.